郑州研究院丛书

主 编：蔡昉
副主编：郑秉文 严波 夏扬 倪鹏飞

郑州打造国家第四方物流中心
战略研究

Strategic Study on Building the
National Fourth Party Logistics Center in Zhengzhou

荆林波 李伟 等 著

经济管理出版社
ECONOMY & MANAGEMENT PUBLISHING HOUSE

图书在版编目（CIP）数据

郑州打造国家第四方物流中心战略研究/荆林波等著 . —北京：经济管理出版社，2023. 2

ISBN 978-7-5096-9002-4

Ⅰ.①郑…　Ⅱ.①荆…　Ⅲ.①区域—物流配送中心—研究—中国　Ⅳ.①F259. 22

中国国家版本馆 CIP 数据核字（2023）第 075345 号

组稿编辑：高　娅
责任编辑：高　娅
责任印制：许　艳
责任校对：王淑卿

出版发行：经济管理出版社
　　　　　（北京市海淀区北蜂窝 8 号中雅大厦 A 座 11 层　100038）
网　　　址：www. E-mp. com. cn
电　　　话：（010）51915602
印　　　刷：北京虎彩文化传播有限公司
经　　　销：新华书店
开　　　本：720mm×1000mm/16
印　　　张：11
字　　　数：170 千字
版　　　次：2023 年 2 月第 1 版　　2023 年 2 月第 1 次印刷
书　　　号：ISBN 978-7-5096-9002-4
定　　　价：88. 00 元

丛书总序

新时代呼唤新的郑州改革研究成果

　　郑州市是中华文明核心发祥地，是中国八大古都之一。拥有 8000 年的裴李岗文化遗址、6000 年的大河村文化遗址、5000 年的中华人文始祖黄帝故里、3600 年的商朝都城遗址。继承先辈筚路蓝缕的开创精神，随着中原经济区、郑州航空港经济综合实验区、中国（河南）自贸试验区、国家自主创新示范区等国家战略规划和平台相继布局，郑州市的政策叠加优势更加明显。特别是国家明确提出支持郑州建设国家中心城市，郑州市的发展站在了新的历史起点上，开启了向全国乃至全球城市体系中更高层级城市迈进的新历程。

　　中国社会科学院是党中央直接领导、国务院直属的国家哲学社会科学研究的最高学术机构和综合研究中心，是党中央国务院的思想库和智囊团、哲学社会科学的最高殿堂、马克思主义理论研究的坚实阵地。中国社会科学院学科齐全、人才济济，拥有一大批人文社会科学领域的顶尖专家和领军人物。正值郑州市国家中心城市建设谋篇开局的关键时期，中国社会科学院领导和河南省、郑州市领导高屋建瓴、审时度势，提出了共同合作的战略意向。2017 年 9 月 15 日，中国社会科学院与郑州市人民政府签订《战略合作框架协议》，双方决定共同成立"中国社会科学院郑州市人民政府郑州研究院"（以下简称"郑州研究院"），标志着双方的战略合作进入新阶段，必将对郑州经济社会发展提供有力的智力支持和人才支撑。双方围绕郑州国家中心城市建设，进一步拓展合作领域，提升合作层次，不断推动双方合作向更高层次、更宽领域迈进。习近平总书记深刻指出，幸福都是奋斗出来的！衷心祝愿郑州研究院在双方的共同努力下，秉持奋斗理念，勇于开拓创新，积极融入郑州国家中心城市建设乃至中原城市群发展，努力开创新时代国家智库与地方实际工作部门合作的新局面！

　　伟大的社会变革必然产生出无愧于时代的先进理论。郑州研究院丛书的出版是在郑州市人民政府提供优质的政务服务，郑州市发展和改革委员会是在为郑州研究院的发展保驾护航的大背景下产生的。无比丰富的改革实践为科学正确的改革理论提供了丰厚的土壤。中原崛起，中华崛起，实现中华民族伟大复兴的中国梦，这些伟大斗争、伟大工程、伟大事业、伟大梦想，激励着我们更加实干兴邦，推动着郑州沿着原始文明、农业文明、工业文明、生态文明的历史进程，不断改造、变革与提升。这次，特地将郑州研究院的最新研究成果汇集成册，按年度陆续出版系列郑州研究院丛书。这套丛书的出版，对于加强郑州市改革的理论研究和舆论宣传，对于加快和深化经济文化体制的全面改革，无疑是一个很大的推动和促进。当然，任何理论都要经受历史和实践的检验。这套丛书中的许多理论观点，也需要在实践中不断充实、发展和完善。但是，这毕竟是一个良好的开端。我们希望，郑州研究院丛书中的许多一家之言和一得之见，能够迎来郑州市改革理论研究百花齐放、百家争鸣的新局面。

　　一花引来万花开。又一个姹紫嫣红、百花争艳的春天到了。祝愿郑州市改革的历程，展现在人们面前的是一幅绚丽多彩的图景：不仅实践繁花似锦、争奇斗艳，而且理论之光璀璨夺目、熠熠生辉。在这改革的年代，不仅实践之林根深叶茂，理论之树也四季常青。祝愿郑州市改革灿烂的实践之花，在新时代结出丰硕的理论之果。

　　是为序。

全国人大常委会委员、全国人大农业与农村委员会副主任委员
中国社会科学院副院长、郑州研究院院长

2018 年春，于北京

目 录

第一章

理论视角：第四方物流的缘起

第一节　物流简述

一、物流概念及分类

（一）物流概念

人类的经济社会活动会引发各种物流活动。物流的概念起源于 20 世纪 30 年代美国的 "Logistics"，原意为 "实物分配" 或 "货物配送"。1963 年被引入日本，翻译为 "物的流通"。20 世纪 70 年代以后，"物的流通" 逐渐被 "物流" 一词取代。中国的物流概念源自日文对 "Logistics" 一词的翻译。在中国国家标准《物流术语》中，物流是指物品从供应地到接收地的实体流动过程，根据实际需要，将运输、储存、装卸、搬运、包装、流通加工、配送、回收、信息处理等基本功能实施有机地结合，实现用户要求的经济活动过程①。

（二）物流分类

按照不同的分类标准，物流可以划分为不同的分类体系，最常见的为空间分类体系和开放性分类体系。

1. 按空间范围划分

依据物流活动的空间范围和区域关系可以将物流划分为国际物流、

① 周婷，史林.物流概念的演变分析［J］.网络财富，2009（21）：146-147.

国内物流、区域物流和城市物流①。国际物流是指商品实体跨越国界，从一个国家（地区）流向另一个国家（地区）的物流活动。国际物流采用的运输方式主要有远洋运输、铁路运输、航空运输、公路运输及由这些运输方式组合而成的国际多式联运。国际物流的特点主要包括市场广阔、库存水平较高、物流过程复杂、需要国际贸易中间人、风险高等。国内物流指在一个国家领地范围内部的物流活动，货运方式主要采用公路、水路、民航和铁路四种。相比国际物流，国内物流的特点是市场范围有限、库存水平较低、物流过程相对简单、较少使用货代、风险较小等。区域物流是指在国内一定区域范围内部的物流活动，有广义和狭义之分。狭义的区域物流涵盖了城市之间、城乡之间以及次一级经济区域之间的物流活动，如长三角、珠三角即属于典型的经济区域，在其范围内的物流活动为狭义区域物流。广义的区域物流覆盖范围不定。区域物流的主要运输方式是干线运输，依托于铁路、公路、水运、空运等。区域物流具有微观物流主体丰富、区域边界易变和组织管理难度大等特点。城市物流是指发生在城市内部的物流活动，属于区域物流的一种，城市物流的运输方式以公路为主。城市物流具有物流密度大、制约因素多和运输距离短的特点。

2. 按照系统属性划分

按照物流系统的开放属性可以把物流划分为社会物流、行业物流和企业物流②。社会物流是指面向全社会和广大用户的公开性物流，它具有服务对象的广泛性，包括商品在流通阶段所产生的一切物流活动。一般伴随着商业活动的发生而发生，以实现商品所有权的位置转移为目标。行业物流是面向行业内部提供服务的物流，它具有行业内部的共享性和对行业外部的排斥性。行业物流是为了该行业的共同利益或整体目标，在物流领域共同协作而形成的内部物流网络。企业物流是指企业内部的物品实体流动，是满足企业自身运营需要的物流。企业物流是具体的、微观的物流活动的典型领域，可区分为供应物流、生产物流、销售

① 崔俊 . 管理大辞典 ［M］. 北京：中央文献出版社，2008.
② 张锦，陈义友 . 物流"最后一公里"问题研究综述 ［J］. 中国流通经济，2015，29（4）：23-32.

物流、回收物流、废弃物物流等。

二、物流的发展演进

物流活动伴随着人类交易活动的演进而发展，并与交易活动相辅相成，共同支撑与其相适应的经济活动，促进着人类社会的发展。一般认为，物流的发展演进可以分为以下几个阶段①：

（一）后勤管理阶段（1844 年至"二战"）

后勤管理是指军事的后勤补给，主要关注的是后勤补给管理、运输成本、仓储成本和实物配送等相关问题。后勤管理为物流基础理论的产生奠定了实践基础。西方学界对物流理论的研究最早可追溯到 1844 年，法国技术人员 J. Depuit 在其有关供货管理的著作中强调重视供货管理的功能，注重保持仓库管理和运输之间的成本均衡。当时，虽然尚未提出"物流概念"，但已经出现了物流管理意识的萌芽。19 世纪末，美国一些学者开始关注和研究产品的合理分配问题，大学也开始开设"产品分配学"课程。1905 年，美国陆军少校琼西·贝克提出的"军事后勤"（Logistics）是当今物流概念的直接起源。在"二战"期间（1931～1945 年），美国陆军围绕战争物资的供应补给问题，兴起对军事后勤理论的研究，创造出了一套将食品、服装、军火等军用物资和人员按时、按量、按质地补充到指定地方的后勤保障系统。

1912 年，美国学者阿奇·肖在《市场流通中的若干问题》一书中，将物质资料从供给者向需求者之间的空间转移称为实物配送（Physical Distribution，PD）。这是经济学界的物流思想，并在相当长的时期内作为物流概念的起源。1922 年，美国营销学者弗莱德·克拉克在《市场营销的原则》中将 PD 作为企业经营的要素加以研究，主要涉及物资的运输、储存等业务。当时，类似物流的概念还有物料管理、配送工程、市场供应等。后勤管理的兴起和运用实践为物流理论的孕育和产生奠定了坚实的实践基础。

（二）内部一体化物流阶段（"二战"后至 20 世纪 90 年代）

"二战"后，西方国家的许多企业开始将后勤管理思想用于指导本

---

① 靳伟. 物流的内涵和物流战略管理实践［M］. 北京：中国物资出版社，2010.

企业的生产、采购、运输、储存等经营活动。随着企业实践应用范围的扩大和深入，在商业领域，逐步形成了区别于军队后勤学的"商业物流"或"销售物流"理论。这一时期，物流被称为实物配送，主要关注的是物流活动的经济性，侧重于商品的组织供应、报关、运输和配送等一体化功能。一体化物流就是指将原材料、半成品和成品的生产、供应、销售集合成有机整体，通过生产和流通的集成统一，降低企业整个物流系统的成本。

事实上，20 世纪 60~90 年代是物流理论快速发展的阶段。在这一阶段，第一本教材《物流管理》问世，这是物流管理体系初步形成并系统化、理论化的标志。1962 年，著名管理学家彼得·德鲁克发表《经济的黑色大陆》一文，将"物流"比作"未开垦的处女地"，引起专家、学者和业界对物流价值的广泛讨论。20 世纪 60 年代末，物流思想向日本、加拿大、欧洲等国传播。日本将 PD 翻译为"物流"，将物品流通中的各个环节都纳入物流这一整体性概念中，后来"物流"这一概念的翻译由日本引入我国。20 世纪 70 年代，日本教授西泽修在《流通费用》一书中提出著名的"第三利润源泉"和"物流冰山"学说，将利润源泉分为第一源泉（降低原材料耗费）、第二源泉（降低劳务费用）和第三源泉（降低物流成本）。20 世纪 80 年代中期以后，经济全球化、信息技术不断推进，美国经济学者彼·特卡拉指出物流是降低成本的最后边界。1985 年，美国物流管理协会将"实物分配"（PD）更名为"物流"（Logistics），从商品流通扩展到生产领域，物流不仅从产品出厂开始，而且包括原材料采购、加工生产、产品销售、售后服务直至废旧物品回收等整个实物的空间流动过程。1991 年，在荷兰第九届国际物流会议上，物流内涵进一步拓展，延伸到顾客满意等相关营销物流活动。

在这一阶段，研究者和企业关注的都不再是传统物流的局部功能，而是在企业内部物品流动过程中的各个部分功能的组合。在这期间，物流从后勤管理逐步发展为企业内部物流一体化的形态，物流管理上升到企业战略管理层面。物流不仅将企业物品的供货、运输、仓储活动扩展到生产、回收、营销活动，而且将生产和流通活动的物流过程功能进行统一，通过生产和流通的内部一体化来降低企业整个物流系统的总成本。

（三）供应链物流阶段（20 世纪 90 年代至 21 世纪初）

20 世纪 90 年代中期后，物流深化到供应链物流阶段。供应链物流是指在原材料供应商、生产企业、批发企业、零售商和最终用户间，通过业务伙伴关系的密切合作，实现以最小的成本为顾客提供满意的服务。20 世纪 90 年代初，基于美国著名管理学家波特的价值链思想，产生了供应链管理思想。随后，由于经济全球化的不断深化，市场竞争进一步加剧，市场竞争深化为供应链竞争。在供应链竞争的大趋势下，由于企业物流的内部一体化并不能减少整个供应链运作的成本，部分领先企业开始将物流从内部一体化转向内外部一体化，将企业内部物流管理延伸到企业外部的物流协同。与此同时，学术界也开始将物流思想升级到供应链思想，将研究视角由物流提升到供应链。譬如，1997 年，日本后勤系统常务理事稻束原树在《这就是"后勤"》一文中提出后勤是一种对于原材料、半成品和成品有效流动进行规划、实施和管理的思路，它应同时协调供应、生产和销售各部门的利益，最终达到满足顾客的需求。1998 年，美国物流管理协会提出物流是供应链的一部分，即将物流纳入企业间的互动协作关系，要求企业不仅考虑自己的客户还要考虑自己的供应商，更要考虑供应商的供应商、客户的客户；不仅降低自身物流作业的成本，也要致力于降低供应链运作的成本。强调物流是供应链的一部分意味着物流的发展趋势是物流专业协作化和供应链化。

供应链物流就是在企业内部物流一体化的基础上，突破企业自身的边界，以协同合作的方式整合上下游合作企业物流，形成企业内外部物流一体化的分工合作模式，进而促进供应链整体成本的降低以增强供应链的市场竞争力。20 世纪 90 年代到 21 世纪初，伴随国际市场竞争加剧，企业间依托市场机制并通过业务伙伴关系的密切合作以实现降低成本获取利润的目标，通过有效沟通降低企业生产运营风险。物流在国际范围内开始从企业内部一体化向供应链化提升，物流管理也开始向供应链管理转变。供应链物流作为这种外部一体化和内部一体化相结合的物流模式，使物流管理从基于市场预测的竞争性经营转向基于市场实际需求的合作性型经营。这一阶段，在管理要素构成上，信息的重要性日益凸显，信息管理的重要性日益突出，成为物流管理升级的核心。

在这一阶段，物流思想分别从两个渠道引入我国：一是欧美的市场营销；二是日本的物流管理。20 世纪 90 年代后期，我国社会主义市场经济体制建设取得明显进展，供求、价格、竞争等市场机制成为企业发展的重要驱动力量。1997 年，国家技术监督局组织相关机构对物流的定义开展研究，由国家质量技术监督局发布的《中华人民共和国国家标准物流术语》中对物流的定义是"物流是物品从供应地到接收地的实体流动过程，根据实际需要，将运输、储存、装卸、搬运、包装、流通加工、配送、信息处理等基本功能实施的有机结合"。

（四）智能化物流阶段（21 世纪初至今）

自 21 世纪以来，信息技术发展突飞猛进，经历了数字化、网络化后进入了智能化阶段，成为管理决策分析的重要工具。运用信息技术对计算机系统中存在的大量原始数据和信息进行挖掘和转换，使之成为对业务活动有意义、可用的决策信息，服务于现状分析和预测未来趋势。2012 年，IBM 的索尔·伯尔曼首先提出数字转型概念。2016 年，世界经济论坛与艾森哲公司合作发表《产业界的数字转型：数字企业》白皮书。此后，数字转型成为全球产业巨头关注的焦点之一，也成为信息化时代来临的标志和物流管理升级演进的趋势[1]。

智能化物流是运用自动识别、数据挖掘、人工智能等技术手段接替人工作业，运用高效率、高水平的物流信息技术，解决物流环节问题的一种物流管理模式[2]。当前，物流管理主要关注的是智能物流系统建设。通过供应链协调运作和资金流、信息流、物流、商流的综合运作，注重智能化技术应用，扩大物联网感知技术的应用，并结合社交网络媒体等移动互联技术及 4G、5G 技术，逐步推进供应链物流的立体全面感知和可视化。通过实施一系列信息系统（如 GIS 系统、物流管控平台），在具体的仓储、配送等流通环节，通过智能补货策略、动态线路优化、动态智能的装车调度等对关键作业进行改进，实现物流过程的全程信息化。在物流智能化阶段，企业主要利用计算机技术、通信技术等

---

① 国家互联网信息办公室.网络安全和信息化读本（大学篇）［M］.北京：人民教育出版社,2018.

② 吴咏春."互联网+"背景下的电商智能物流体系研究［J］.营销界,2021（30）：46-47.

一系列现代信息技术建立信息网络，运用自动识别、数据挖掘、人工智能等技术手段接替人工作业，重点解决物流作业中大量的运筹和决策问题。

三、物流的发展演进理论基础

（一）技术进步理论

技术进步是指社会生产过程中，除去各要素的投入而促使经济发展的因素，主要是指新知识、新技能或新方法的发明创造。物流发展演进的内核是技术进步，物流发展的逻辑起点是社会需求，物流发展的体现是专业化分工。物流的发展经历了第一方物流、第二方物流、第三方物流和第四方物流四个阶段。物流四个不同的阶段反映了物流发展的本质动力①。

第一方物流是最原始阶段的物流，是指企业拥有车队、仓库、码头、托盘等各种物流设施，自身进行运输、配送、仓储等各种物流运作的一种物流模式。这一阶段社会的商品经济处于不发达阶段，卖方的主要任务是从日常生活中识别出消费者的需求，使用自身已有的技术能力开发商品以满足消费者的需求。例如，中华人民共和国成立初期的流动商贩需要主动走街串巷，出售自己的商品。这一阶段的市场权力掌握在消费者手中，供给商不仅要利用自身技术能力制造出满足消费者零星需要的产品，还要尽可能地满足消费者的购物便捷需要，主动将货物送上门。一旦消费者表现出对产品没了兴趣，供给商的商品就面临变成废品的危险。

第二方物流是指买方在需要时通过向供给商租用部分物流设施或物流业务能力来完成物流过程。这一阶段属于商品经济起步阶段，技术进步的发展使大规模生产开始出现，低成本的生产促使商品价格降低，因此消费者需求增加。在起步阶段，供给商供给能力有限，商品只需生产出来，商品就能很快销售出去。例如，改革开放初期，商品极度短缺，只要生产出商品就不愁销售。由于这时市场权力在卖方手中，因此商品

---

① 田歆，汪寿阳．第四方物流与物流模式演化研究［J］．管理评论，2009，21（9）：55-61.

服务质量较差,卖方常常不提供物流服务,而是由零售商代替消费者完成商品收集过程。这一阶段生产商关心的是低成本大规模生产。

第三方物流是指掌握物流信息,能优化配置物流资源和业务能力为社会提供专业物流服务的物流模式。这一阶段是商品经济供需矛盾趋于均衡的阶段。技术进步促进了工业化发展,工业化又极大地促进了物质生产能力,使供给和需求逐步接近。市场权力由供给商向批发商转移,由批发商完成商品需求和商品供给间的匹配。例如,国美、苏宁等连锁经营模式的崛起。这一阶段批发商的主要任务是获得渠道权力以更好地匹配消费者的需求和生产者的供给。为了完成匹配,还出现独立于买卖双方的第三方物流公司,实现了商品所有权和商品实物的分离。

第四方物流是指物流运作范围延伸到供应链两端,能够支持企业上下游协同合作,提供综合供应链解决方案或物流连锁解决方案的一种物流模式。工业化后期,技术进步导致的工业化使成本降低,大规模生产使供给过剩而需求相对短缺,这一阶段,市场权力又由批发商重新向消费者转移。例如,2003年以后,我国开始出现产能过剩问题,淘宝、京东等电商平台开始繁荣。消费者具有权力,但消费者的需要是分散的,因此需要网络平台凝聚消费者的需要,体现消费者的权力。这一阶段,产品生产由需求推动而不是由供给推动的,因此物流的重点是建立信息化平台,凝聚消费者的需要并予以满足。

分析物流业模式的演化,可以发现从第一方物流到第四方物流的每一次演化,都体现了供需力量的往复变化和市场权力在供需之间的转移。经济起步阶段,第一方物流能够将手工业者和需求不强的消费者连接起来,使手工业者完成艰难的商品销售,这一阶段市场权力在消费者。第二方物流的出现弥补了市场范围扩大与生产商有限供给能力之间的矛盾,市场权力向分销商转移。第三方物流的出现让物流运作的社会分工细化,商流和物流开始分离,市场权力向分销商转移且进一步深化。第四方物流的出现则体现了社会分工细化后的功能整合,这是市场权力向消费者转移、市场满足消费者需要的结果。因而,建立以消费者需求为中心的第四方物流中心是物流业发展的趋势。

(二)专业化分工理论

专业化分工理论起源于亚当·斯密的《国富论》。专业化分工就是要把企业活动的特点和参与企业活动的员工的特点结合起来，把每位员工都安排在适当的领域中积累知识、技能，从而不断地提高工作效率。简而言之，专业化分工可以提高生产效率。专业化分工在商品流通中体现为"四流"（商流、物流、信息流和资金流）的演进和相继独立。例如，物流从商品流通中独立出来促进了第三方物流业的发展，而第三方物流业反过来又促进了商品流通规模和范围的扩大，打破了商品流通的地域和所有权限制。资金流从商品流通中的分离促进了金融业发展，金融业的发展反过来又促进了商品流通规模的扩大和效率的提升。目前，呈现出的新趋势是信息流从商品流通中独立出来。信息技术的成熟和普及应用是信息流从商品流通中独立出来的前提和基础，信息流的专业化独立可以实现商品流通的全程掌控和高效无摩擦运营。

物流活动是社会经济发展的产物，其表现形式是专业化分工。从流通角度看，商流和物流的分离是物流产业形成的前提。物流将物流功能从生产者和经营者那里剥离出来，借助现代科技进行系统而有效的整合，进而形成一个新兴的经济产业系统。它将传统物流从产销过程的附属地位中解放出来，通过系统性自助与联合性互动，产生前向和后向连带效应，推动生产者和经营者减少库存直至实现零库存，从而节约费用、时间和空间。商流和物流的分离有其内在的依据：首先，商品的二重性是商品价值流通（商流）和商品实体流通（物流）分离的根本原因，即商品所有权和所有者的分离。其次，商物分离适应了促成交易、扩大市场、缩短流通时间、降低流通费用的需要。这样，商品在经营环节、运动路线、职能等方面的分离才有可能，才有动力。商流和物流分离与商品的发达程度密切相关，在不发达的商品流通中，商流和物流结合密切，随着生产规模的扩大、市场的延伸、商品种类的增加和差异性的增大，商流和物流开始分离，并随经济的发展逐步深化。当商流和物流分离到一定程度，形成相当数量和规模的专门从事物流活动的人员和企业时，物流产业由此而形成①。

四、我国物流发展现状

2021 年是我国"十四五"开局之年，也是党和国家历史上具有里

---

① 吴爱东. 中国现代物流产业发展与制度创新研究［D］. 南开大学，2009.

程碑意义的一年。我国物流业总体保持复苏态势，现代物流体系高质量发展取得新成效，为畅通国内大循环、促进国内国际双循环提供了有力支撑，实现了"十四五"良好开局。

（一）社会物流需求保持较快恢复

2021年，中国制造业采购经理指数（PMI）均值为50.5%，高于前两年水平，经济复苏带动物流需求增长。全国社会物流总额达到335.2万亿元，同比增长9.2%，高于GDP增速1.1个百分点。社会物流需求基本恢复到正常年份水平。其中，工业品物流总额、单位与居民物品物流总额、农产品物流总额同比分别增长9.6%、10.2%、7.1%，均实现恢复性增长。受益于新冠病毒感染防控总体稳定和制造业较强的韧性，全年物流业景气指数平均为53.4%，维持在景气水平。我国出口保持较高增速，工业生产持续增长，工业物流需求旺盛，制造业中出口相关物流以及装备制造、高新制造业物流需求高于平均水平，成为工业物流恢复的重要动力。消费物流增速趋缓，疫情推动网络购物成为居民消费重要渠道，实物商品网上零售额占社会消费品零售总额的比重达24.5%，带动电商快递业务量扩张，全年快递业务量首次突破100亿件，持续领跑其他细分市场。

（二）物流市场主体活力显著增强

2021年，物流企业和个体工商户等物流市场主体超过600万家，就业人数超过500万。其中，A级物流企业接近800家，规模型5A级企业超过400家。全国物流业总收入11.9万亿元，同比增长15.1%，持续保持较快增长速度。其中，中国物流50强企业收入合计14万亿元，占总收入的12%左右。疫情下规模型龙头企业抗风险能力显现，市场份额有所扩大，快递快运、冷链物流、航运航空物流、合同物流等细分市场集中度提升。物流资源重组整合步伐加快。经国务院批准，中国物流集团正式成立，物流国家队重组整合拉开序幕。京东物流、东航物流、中铁特货、满帮集团、安能物流等各领域一批龙头企业纷纷上市，资本市场助力打造具有国际竞争力的现代物流企业。

（三）物流设施网络布局力度加大

2021年，全国物流相关固定资产投资超过3.5万亿元，一批重大物流基础设施得到有力支持。国家发展改革委发布"十四五"首批25

个国家物流枢纽建设名单，目前全国已经布局建设国家物流枢纽增至70个。以承载城市为战略支点，健全国家物流枢纽网络，重在整合存量物流设施，补齐设施短板，联动交通基础设施，促进枢纽互联成网，加快编织"通道+枢纽+网络"的物流运行体系，打造区域物流产业集聚区，为区域经济转型升级创造低物流成本的投资环境。国家发展改革委印发《国家骨干冷链物流基地建设实施方案》，提出到2025年，布局建设100个左右国家骨干冷链物流基地，推动建成三级冷链物流节点设施网络。第三批示范物流园区名单发布，加强园区互联互通、联动发展。第二批多式联运示范工程通过项目验收，加快货运枢纽布局建设。

（四）国际物流呈现供需两旺

2021年，我国出口集装箱运价综合指数突破3300点大关，"一舱难求"阶段性好转，持续影响国际供应链稳定。国际物流增长较快，全年中欧班列开行约1.5万列，同比增长22%；开行国际货运航班7.4万班，同比增长25.8%；完成国际航线货邮运输量241.5万吨、国际及港澳台快递19.3亿件，同比分别增长20.2%、17.4%；西部陆海新通道班列突破6000列，中老铁路国际货物列车开行，区域物流条件改善彰显开放新优势。受内需转变影响，进口物流下行压力趋升。2021年进口物流量增幅由上年的增长8.9%转为下降1.0%，特别是下半年以来由增转降，主要是大宗进口量趋缓所致。高新技术产品进口量仍然保持较快增长，有力支撑产业结构调整。

（五）科技创新引领作用深化提升

2021年，习近平总书记提出"大力发展智慧交通和智慧物流"，物流行业数字化转型提速。截至2021年底，全国共有1968家网络货运企业，整合社会零散运力360万辆，全年完成运单量近7000万单，平台经济焕发新活力。物联网、云计算、大数据、人工智能、区块链等新一代信息技术与传统物流融合。无接触配送机器人投入疫区保障生活物资递送，自动驾驶卡车在港口、矿山等物流场景加快商业化落地，全国第一条常态化大型货运无人机专用航线开通，数字物流仓库大幅提升周转效率，海运行业"全球航运商业网络"（GSBN）区块链联盟正式运营，科技创新对物流产业升级的引领带动作用持续增强。

（六）绿色低碳物流影响程度加深

2021 年，我国新能源物流车累计销量超过 11 万辆，较上年翻番。国家出台《新能源汽车产业发展规划（2021—2035 年）》，要求重点区域新增或更新物流配送等车辆中新能源比例不低于 80%。首批 16 个绿色货运配送示范城市名单发布，各地大力出台新能源和清洁能源物流车便利通行政策，带动城配新能源物流车购销两旺。国务院印发《2030 年前碳达峰行动方案》，交通运输绿色低碳行动纳入"碳达峰十大行动"之一。重型柴油货车国六排放标准正式实施。新能源汽车换电模式应用试点启动，氢能产业示范区带动燃料电池车辆商业场景打造，光伏产业推广利用仓库屋顶太阳能发电获得支持，绿色低碳倒逼产业转型升级。

（七）物流营商环境持续优化改善

2021 年，中国物流与采购联合会（以下简称"中物联"）发布《2021 年物流企业营商环境调查报告》，超七成企业肯定物流领域审批许可等政务环境的改善。《"十四五"现代流通体系建设规划》正式发布，现代物流体系成为两大支撑之一。助力构建现代流通网络，更好地服务双循环新发展格局。《"十四五"冷链物流发展规划》以及商贸物流、数字经济等多项"十四五"专项规划从各自领域对现代物流进行战略部署，现代物流产业地位再上新台阶。国家出台的减税降费、规范执法、便利通行、金融信贷、纾困帮扶等多项政策措施惠及物流业，持续激发和保护市场主体活力。多部门出台文件，多措并举切实维护快递员、货车司机等从业人员的合法权益。

（八）行业基础工作支撑高质量发展

2021 年，中共中央、国务院印发了《国家标准化发展纲要》，重点提到要加强现代物流等服务领域标准化。自 2003 年 9 月全国物流标准化技术委员会成立以来，已制定并发布国家标准 90 项、行业标准 72 项、团体标准 27 项。由中物联组织起草的我国首个食品冷链物流领域强制性国家标准《食品安全国家标准食品冷链物流卫生规范》正式实施，对于规范冷链物流服务具有重要作用。中物联推动国家"1+X"证书制度试点工作，全年共完成"1+X"证书考核近 3 万人，累计考核人数超过 9 万，参与试点的院校 705 所。教育部开展高校一流物流专业建设、物流专业新文科建设试点。目前，全国已有 700 个本科物流类专业点、1300 多个高职物流类专业点和 560 多个中职物流类专业点。中物联科学技术奖自 2002 年科技部批准以来，评出获奖成果上千项。中物联设立课题研究计划，通过重大重点课题引导行业研究方向。物流领域产学研结合工作大力推进，产学研基地发挥重要作用，在科技攻关、专利转化、人员培养等方面取得积极成效。①

第二节　物流业简述

一、物流业的概念及分类

物流业（物流产业）是融合运输业、仓储业、货代业和信息业等行业的复合型服务产业，其基本职能是为社会提供专业化、社会化的物流服务。物流业是新型的跨行业、跨部门、跨区域的生产性、复合型服务产业，与国民经济分类中的铁路运输、道路运输、水上运输、航空运输以及仓储、批发零售、邮政等诸多行业有着密切的关系。物质产品的流动是物流存在的基本条件，物流效率的提高和物流费用的降低则是其必要条件，而它们的前提条件都是物流功能的衔接和协调等。

根据《中国物流年鉴 2021》物流业分类，物流业主要包括交通运输业、港口物流业、物流地产业、保税物流业、铁路物流业、快递业、航空货运业。分别简述如下：

交通运输业是指在国民经济中专门从事运送货物和旅客的社会生产部门。交通运输业包括公路、铁路、水路、民航、城市轨道交通、输油气管道等部门。

港口物流业是指以港口的运输和中转功能为依托发展起来的包含仓储、配送、加工改装和包装的复合型服务产业。可分为内河港口和沿海港口两类。

物流地产业是指投资商投资开发的用于物流活动的工业地产，其载

---

① 中国物流与采购联合会.中国物流年鉴 2022（上）［M］.北京：中国财富出版社有限公司，2022.

体包括物流园区、物流仓库、配送中心、分拨中心等。

保税物流业是指以海关特殊监管场所和海关特殊监管区域为载体的物流产业，包括采购、仓储、运输、配送、流通加工、装卸搬运、物流信息处理、物流方案设计等相关产业。

铁路物流业是指依托铁路的节点、线路集合，发挥基础设施和生产运营两个功能建立的物流产业，包括运输、储存、装卸、搬运、包装、流通加工、配送、信息处理等相关产业。

快递业是指以较快的速度将小件包裹运达指定地点或目标客户手中的物流产业，特点就在于能够在极短的时间内将物品运达目标地点，但是运量相对较小，运费较高，安全系数相对较低。运输方式包括铁路、公路、航空等。

航空货运业是指在航线上使用货机或客机设施运输货物的物流产业，航空货运业包括运输、仓储、配送等业务。

二、物流业演变与商业变革

物流业的发展与其依托的商业变革密不可分，物流业要与商业需求相适应，能够满足商业顺畅运转的要求；商业运行需要依靠物流业的支撑，而商业业态的升级和变革又对物流业不断提出与之相适应的新需求；与此同时，物流业的发展又促进了商业业态的创新。这种变化正是商业与物流业相互促进、不断变革与演进的模式。在技术变革催生的产业变革的推动下，商业模式经历了行商—坐商—批零分离—百货—连锁—超级市场—电子商务等不断升级的商业形态模式，进入数字化平台升级阶段；与此相适应，物流业也经历了原始物流、第一方物流、第二方物流和第三方物流阶段，并开始进入向第四方物流提升的阶段。

在商业初期的行商阶段，物商一体、物随商走，表现为走街串巷、扩大交易覆盖范围的商贩。在此阶段，商贩既是商业活动的主体，也是物流活动、送货上门的承担主体。伴随技术的进步和商业交易频次的增加，部分行商不需要通过走街串巷就可以实现相应的收入，这部分行为转为固定地点交易的坐商，表现为满足一定区域范围日常高频次消费需求的杂货店。在固定交易地点的坐商交易阶段，坐商成为商品交易市场的供给主体和商品供给的物流主体，消费者成为商品购买和消费物流的承担主体。在这一阶段，商品交易与物流是一体的，但物流开始分化为供给侧物流和消费侧商流物流，供给侧物流由供给商品的坐商主体承担，消费侧物流由消费主体承担。随着经济社会的发展和市场规模的扩大，部分坐商逐步升级为百货商、连锁经营及超级市场。在百货商、连锁经营及超级市场的交易模式下，供给侧的商品及物流活动逐步呈现专业化，分化出专业化的商品供给和物流服务主体，消费侧的物流活动也逐步分化出相应的物流服务专业主体，第三方物流主体开始出现和快速成长。[①]

当前，伴随信息技术的成熟和网络应用的普及，商业经过电子商务的孕育和发展进入数字化平台商业交易模式阶段。在电子商务和数字化平台交易模式的带动下，物流主体日趋专业、丰富、多元化，物流活动也日趋供需一体的供应链化。在这一阶段，网络交易平台发展迅猛，如阿里巴巴、淘宝、天猫、京东、拼多多、美团等各类交易平台；物流服务平台也相应快速崛起，如顺丰、申通、圆通、中通、韵达等各类第三方物流服务平台。各类电商平台、物流平台表现出数字化平台的雏形，而完善的数字化平台不仅提供信息搜集整理的功能，还能实现商品交易、物流过程的顶层设计，此类数字化平台还在发展中。物流的数字化平台是借助网络技术、计算机技术实现智能化决策，实现物流供应链整合，扩大交易收益、降低物流成本。综上所述，在商业模式的演进中，各类商业业态的存在以市场规模扩张为基础，为了有效地弥合商品供给和商品需求之间的缺口，不断地提高商户组织化程度，不断地促进与商业生态共存的物流生态。

三、我国物流业发展现状

在供给侧改革和高质量发展及国家物流发展支持政策频出的推动下，我国传统物流业向现代物流业转型环境快速改善。在数字化战略的推动下，我国信息基础设施建设加速，为物流企业现代化转型提供了强力技术支撑，物流体系向现代物流体系转变加速。2021 年，我国整体

---

① 王雪峰等. 商品交易市场发展及相关监管制度建设问题研究 [M]. 北京：中国社会科学出版社，2016.

经济运行持续稳定恢复，社会物流总额保持良好增势，社会物流总费用与 GDP 的比率稳中有降，"十四五"实现良好开局。①

（一）物流业运行总体状况

第一，社会物流总额保持良好增势。2021 年，我国社会物流总额335.2 万亿元，按可比价格计算，同比增长 9.2%，两年年均增长6.2%，增速恢复至正常年份平均水平。从构成看，工业品物流总额299.6 万亿元，按可比价格计算，同比增长 9.6%；农产品物流总额 5.0万亿元，同比增长 7.1%；再生资源物流总额 2.5 万亿元，同比增长40.2%；单位与居民物品物流总额 10.8 万亿元，同比增长 10.2%；进口货物物流总额 17.4 万亿元，同比下降 1.0%。第二，社会物流总费用与 GDP 的比率小幅回落。2021 年，我国社会物流总费用 16.7 万亿元，同比增长 12.5%；社会物流总费用与 GDP 的比率为 14.6%，比上年下降 0.1 个百分点。从结构看，运输费用 9.0 万亿元，增长 15.8%；保管费用 5.6 万亿元，增长 8.8%；管理费用 2.2 万亿元，增长 9.2%。第三，物流业总收入实现较快增长。2021 年，我国物流业总收入 11.9 万亿元，同比增长 15.1%。

（二）物流业运行总体状况分析

2021 年，我国物流呈现坚实复苏态势，实体经济持续稳定恢复，拉动物流需求快速增长，物流供给服务体系进一步完善，供应链韧性提升，有力地促进宏观经济提质增效降本，物流实现"十四五"良好开局。

第一，物流需求增势良好，支撑经济稳定恢复。2021 年，我国物流需求规模再创新高，社会物流总额增速恢复至正常年份平均水平。全年社会物流总额 335.2 万亿元，是"十三五"初期的 1.5 倍。按可比价格计算，同比增长 9.2%，两年年均增长 6.2%。从年内走势看，由于下半年受新冠病毒感染和上年同期基数较高等因素影响，走势前高后低。第一季度同比增长 24.2%，上半年增长 15.7%，前三季度增长10.5%。从社会物流总额与 GDP 对比来看，与新冠病毒感染前的 2018

---

① 中国物流与采购联合会. 中国物流年鉴 2022（上）[M]. 北京：中国财富出版社有限公司，2022.

年、2019 年不同，自 2020 年以来，社会物流总额增速持续高于 GDP 增速，物流需求系数持续提升，显示出在疫情压力持续存在的情况下，生产、出口、消费等实物物流恢复保持良好势头，实体经济是物流需求复苏的主要支撑。从社会物流总额结构看，物流需求结构随经济结构调整、产业升级同步变化。工业物流总体稳中有进，国际进口物流下行压力较大，民生消费物流保持平稳增长。产业升级带来的高技术制造物流需求发展趋势向好，引领带动作用增强。创新动能有效增强，工业制造物流需求较快增长。2021 年，我国工业物流需求总体保持较快增长。工业品物流总额同比增长 9.6%，增速比上年加快 6.8 个百分点；两年平均增长 6.1%，增速接近疫情前水平。其中，制造业中出口相关以及高新制造业物流需求发展较好，全年装备制造业、高技术制造业物流需求比上年分别增长 12.9%、18.2%，增速分别高于全部工业平均水平 3.3 个、8.6 个百分点，是工业物流恢复的主要动力。进口物流量下行压力趋升，高新技术类产品进口稳步增长。自第四季度以来，高基数效应叠加，国内需求减弱，进口物流量下行压力趋升，2021 年进口物流量增速由上年的 8.9% 转为 -1.0%。从年内走势看，上半年各月保持平稳增长，第三季度以来由升转降。从结构来看，主要大宗商品进口量有所趋缓，其中铁矿砂及其精矿、原油需求延续下跌趋势，分别同比下降 3.9%、5.4%。高新技术产品进口量则保持较快增长，有力支撑产业结构的升级转型，全年机电产品、集成电路进口量分别同比增长 38.0%、16.9%。消费物流保持恢复性增长，新业态、新模式快速增长。2021 年，单位与居民物品物流总额同比增长 10.2%，并连续多月保持 10% 以上。从年内走势看，民生物流总额增速趋缓，增速比前三季度回落 3.6 个百分点。在疫情影响下，电商、网络购物已经成为居民消费的重要渠道，带动电商快递业务量加速扩张。中国电商物流指数显示，2021 年总指数平均值为 110.3 点，较 2020 年回升 2.4 个百分点，需求端总业务量和农村业务量增速超过 20%；供给端恢复较快，库存周转指数、人员指数、实载率指数、成本指数均值均超过 2019 年疫情前水平。全年全国实物商品网上零售额增长 12.0%，据国家邮政局数据显示，全年快递业务量完成 1085 亿件。

　　第二，顺应需求升级新变化，物流市场活力进一步增强。2021 年，我国物流体系建设稳步推进，适应市场物流需求变化，物流供给服务保持快速增长，支撑产业链、供应链韧性提升。全年物流业总收入 11.9 万亿元，同比增长 15.1%。从 2021 年内走势看，各季度物流业总收入均保持 15% 以上增速，两年年均增速在 8.5% 以上，市场规模稳步扩大。物流行业实现快速发展，市场活力进步增强，体现在以下两个方面：一是物流企业竞争力提升，行业集中度提升。2021 年，我国物流产业经受了国际严峻环境和国内疫情等多重考验，服务能力有所增强，头部企业竞争力提升。截至 2021 年末，全国 A 级物流企业近 8000 家，50 强物流企业收入合计 1.4 万亿元，同比增长 16.6%。物流行业各领域龙头企业加快兼并重组和上市步伐，央企物流"国家队"重组整合拉开序幕，中国物流集团正式成立。市场集中度进一步提升，50 强物流企业收入合计占物流业总收入的 12% 左右，是近年来的最高水平。二是物流活动恢复势头良好，行业处于高位景气区间。2021 年，全年物流业景气指数平均为 53.4%，较上年提高 1.7 个百分点。物流企业业务量及订单指数均位于较高景气水平，且总体水平有所提升，物流主体活力进一步激发。从年内走势看，第一季度景气指数平均为 53%，实现良好开局；第二季度升至 55.9% 的高点；下半年指数出现一定波动，第三季度回落至 51.3%；第四季度缓中趋稳回升到 53.2%，物流业韧性提升，实现良好开局。

第三，物流供应链韧性提升，畅通国内国际双循环。2021 年，是我国构建新发展格局的起步之年，国际环境复杂严峻、国内疫情等多重因素倒逼我国物流运行效率、供应链响应水平加速提升，物流在畅通经济内外循环、保障产业链畅通稳定方面发挥了重要作用，助力单位物流成本稳中有降。从物流成本统计来看，2021 年社会物流总费用 16.7 万亿元，与 GDP 的比率为 14.6%，比上年回落 0.1 个百分点，在连续三年持平后首次回落。结合近年经济数据并与美国、日本等国对比后的分析显示，国民经济产业结构调整对物流成本下降存在边际递减效应。"十三五"时期，服务业增加值占 GDP 的比重每上升 1 个百分点，物流成本与 GDP 的比率下降仅为 0.1 个百分点左右。自 2020 年新冠疫情以来，服务业受到的冲击较大，对我国物流成本与 GDP 比率的影响进一步减弱。在此背景下，这一比率的下降更多来自物流供应链自身运行效率的改善提升效应。一是物流畅通性提升，助力国内国际双循环。物流服务在协助产业链流程优化的基础上，更是在畅通国内大循环、促进国内国际双循环过程中发挥了重要作用，助力物流成本稳中有降。从运输环节看，运输物流结构进一步调整优化，保障了国内产业链、国际贸易循环畅通。多式联运业务加速发展，运输方式间的协同性提升。全年完成集装箱多式联运量620万标准箱，开通联运线路450条，年均增速在15%左右，明显高于港口集装箱增长水平。国际物流供应链安全畅通保障水平，国际运输协同性、便利化水平均有稳步提升。全年中欧班列开行约1.5万列，同比增长22%，开行国际货运航班7.4万班，同比增长25.8%，完成国际航线货邮运输量241.5万吨、国际及港澳台快递19.3亿件，同比分别增长20.2%、17.4%。从保管环节看，上下游企业物流、资金流更为畅通，工业企业存货、应收账款周转加快。2021年末，规模以上工业企业产成品存货周转天数、应收账款平均回收期分别为16.8天、49.5天，较上年末分别减少0.9天、2.0天，仓储及装卸搬运费用小幅回落0.1个百分点。二是物流与产业融合加速，协同一体化水平提升。近年来，工业、商贸企业采用供应链协同推进生产经营的效果明显增强，特别是新冠疫情以来物流上下游协同合作的水平提升，物流业总收入与社会物流总费用的比率为72%，显示出专业物流服务的广度、密度、深度都在不断增加。同时，物流集成能力和一体化服务能力持续增强，进一步实现产业、企业间的协同发展，产业链资源整合、资源的优化配置加速推进。头部物流企业发挥引领带动作用，大力推行一体化供应链物流服务。2021年，50强物流企业供应链一体化收入合计增速在20%~30%，明显高于运输、仓储等单物流业务；供应链一体化业务首次成为企业的主要收入来源（其收入占比近四成）。

第三节　现代物流业的内涵、现状及发展趋势

一、现代物流业及其特点

现代物流是利用现代信息技术和物流装备，整合传统运输、仓储、装卸、搬运、包装、流通加工、配送、信息处理等物流环节，实现物流

运作一体化、信息化、高效化的现代组织方式①。现代物流业是现代物流的产业形态，是依托信息网络技术和现代经营管理方法的物流业，是指产品运用先进的计算机技术、通信技术，对生产地到消费地之间的整个供应链进行智能化的计划、管理、配送的新型服务业②。现代物流业通过对物流各环节进行智能化管理，实现运输、储存、包装、装卸、加工、配送和信息处理等相关活动进行优化，以达到降低流通成本，提高流通效率，增加企业利润的目的。现代物流业具有以下特点③：

（一）技术信息化

21 世纪，人类社会已经进入了信息时代，信息技术特别是电子数据交换技术和网络技术的应用对物流技术产生了深远的影响。无论是在时间上，还是空间上，都极大地缩短了物流活动的运作范围，使物流活动更加快速、更为有效。物流信息化主要包括物流信息收集的数据库化和代码化、物流信息处理的计算机化和自动化、物流信息传递的标准化和实时化、物流信息存储的数字化、运输网络和营销网络的合理化、物流中心管理的电子化及物品条码技术应用带来的产品数字化等。可以说，信息化是物流业发展的助推器，是现代物流发展的基础，也是现代物流最基本的特征。

（二）组织网络化

网络化是以物流的信息化为基础，一般包括组织的网络化和计算机信息通信的网络化。高效的物流网络为物流系统各环节的顺畅运作提供了必要的保障，能够向客户提供更便捷、更安全和及时有效的服务。

（三）物流系统化

物流系统化就是将物流的诸环节（子系统）有机地结合起来，进行整体设计和管理，通过合理规划、统筹协调形成最佳的结构、最好的配合、合理的组织，以充分发挥物流的综合效益及总体优势。物流系统化的核心与关键是物流的整合，而这也是实现物流系统化的根本途径。

---

① 孙前进. 节点城市物流体系十一五发展规划与建设［M］. 北京：中国财富出版社，2013.

② 陈璟，杨开忠. 空间组织与城市物流：供应链管理环境下的新透视［M］. 长春：吉林出版集团股份有限公司，2016.

③ 庞凌. 物流信息平台整合供应链资源模式研究［M］. 长春：吉林人民出版社，2019.

通过整合物流，不但有利于降低成本，更好地挖掘"第三利润源"，还可以提高物流的效率，更加合理地配置和利用物流资源。现代物流从系统的角度统筹规划整体的各种物流活动，力求整体活动的最优化。

（四）作业标准化

物流作业标准化是物流现代化的基础，是物流现代化管理的必要条件和重要体现。没有物流标准化就会出现物流设施不规范、物流信息不一致、物流作业流程不统一，从而致使物资流通以及信息交换不顺畅、流通费用增加、流通速度减慢，也就影响了整个供应链顺利运作。物流标准化已受到全球的普遍重视，各国制定的本国物流标准要与国际物流标准化相一致，否则会加大其国际交往的技术难度，增加对外贸易的成本。

二、我国现代物流业发展现状

2021 年，我国物流业总体实现稳步复苏，现代物流体系高质量发展取得新成效。实体经济持续稳定恢复，拉动物流需求快速增长，物流供给服务体系进一步完善，供应链韧性提升，有力地促进了宏观经济提质增效降本，物流业实现了"十四五"的良好开局，为畅通国内大循环、促进国内国际双循环提供了有力支撑。随着技术的更新迭代，物流与供应链信息化向数字化、智能化方向转变。现代物流业是现代物流的产业形态，是依托现代信息网络技术和现代经营管理方法的物流业。现代物流业的表现形式为数字化、信息化和智能化等形态，其发展现状如下[①]：

（一）物流企业信息化向数字化、智能化、平台化发展

1. 物流自主可控的物联网装备技术提升数字化水平

随着 5G、物联网、大数据等技术逐步在物流产业链中运用，创造性地实现了"智能路径规划""智能跟踪""智能单证"等智能化场景应用，实现传统的线下接触式服务转为线上非接触式的智能化自助服务。运易通科技有限公司研发了一款多用途货运追踪设备——定位宝，

---

① 中国物流与采购联合会. 中国物流年鉴 2022（上）［M］. 北京：中国财富出版社有限公司，2022.

采用多重定位设计，集成 GPS/LBS 定位信息，可根据不同地区信号情况自动切换，主要用于陆运货物的全程跟踪和数据分析，可与 iBeacon 标签、蓝牙温度探头等设备互联，能实现轨迹回放、实时告警、实时定位、电子围栏、到达预测。另外，研发的安防宝是专门针对内河水运大宗货物运输的一款多用途可拆卸安防摄像产品。设备采用独创技术将多重定位北斗/GPS/LBS 同时集成到安防云摄像设备中去，实现国内首创的"带定位功能的、可拆卸的、专用安防云摄像产品"。

2. 智能化提高车货匹配的效率、订单组合的科学性

目前国内物流企业普遍存在订单小而配送点多、人工排布线路不能精确计算配送成本、降本增效的效果不明显、订单信息和车辆资源信息不能完全共享、运输环节人工派车不能有效达到配载联运最优化等问题。同时大数据分析能力弱，人工调度派车涉及的订单、车辆、线路、路况、时间、交接、货物类别等数据碎片化、分散化，无法进行精准汇总、分析、优化。在此情形下，漯河双汇物流投资有限公司研发了"智能物流调度信息化系统"，通过双汇物流 ERP、车货匹配平台进行订单导入、订单整合，结合百度货运地图，通过算法输出需求车辆和配送线路，并将配送线路信息下发至车货匹配平台，实现在线竞价找车、在线派车、在线导航，实现订单组合的科学性，有效降低公司运营成本，提升物流服务水平。调度人员整体操作效率提升了30%以上，综合节约运输成本超5%。公司还将车辆违章数据智能化分析的结果与智能物流调度信息化系统打通，实现了在计划层面对路线选择进行主动干预，有效规避了事故与违章的高发路段，更实现了对司机行车安全的人文关怀。信息化系统帮助企业在业务流程上实现了从人工调度到系统智慧调度，有效提高了订单组合的科学性，实现了公司效益最大化。

3. 蓄冷式冷链装备智能化应用逐步落地

中车石家庄公司研发的蓄冷式冷藏集装箱产品，以标准集装箱为基本框架，以蓄冷技术实现箱内温度的控制，蓄冷式装备一次性充冷固定时间后，以相变材料缓慢相变的方式对运输环境进行持续性的冷输出，维持较长时间内的恒温制冷，使用过程中无须能源，节电、节油。同时蓄冷式冷链装备可以与运输设备（汽车、火车、轮船、拖车等）及设备电源脱离，可与普通集装箱一样运输。蓄冷装备依托信息化系统，建

立可信的全程冷链监控系统，实现装备位置、行驶路径、温湿度等信息的实时收集和展示。推进了铁路冷链业务的数字化产业布局。

4. 基于 AI 技术，快递业务末端智能化服务产品升级

快递企业末端派送的效率和服务质量在包裹全流程中占据重要位置，为了顺应快递小哥派送环节多媒体化、智能化、客户化的要求，圆通公司研发推出基于 AI 技术的智能电话助手——智小递 App，产品由前端机器人+后端知识库管理平台+电话呼转服务融合而成。用户（快递小哥）通过开启呼转服务即可启用智能电话助理，并针对快递行业定制专属问答知识库，与各相关业务系统对接，打破"信息孤岛"，支持用户高度自定义、开场白自定义和常见问题自定义，以实现高度个性化的电话助理。区别于市面上一般的电话助手，智小递可以针对快递业务的不同场景，让机器人根据客户的不同需求给出专业的回答，以此提高电话助理对话成功率，提升来电者（快递客户）的使用体验。智小递有效助力快递业一线业务工作，实现提质增效，将更好地保障网络高效高质量运行，为快速小哥提高整体工作效率 10%，综合投诉降低5%，不仅减少处罚，节省的时间还可以创造更多的价值。

（二）产业物流信息化为制造及商贸企业提供数字基础，搭建数据交互平台

1. 促进传统产业链数字化升级

传统冻品行业流通方式存在很多弊端，如渠道层级多、流通效率低、产销不匹配、产能浪费多等情况。冷链物流配送存在"小、散、乱"的问题，针对冷链设施设备建设、温度控制和操作规范等方面缺少统一标准，运输设备能耗高，非法改装冷藏车辆，装卸环节自动化水平低。"冻品在线"率先在冷链食材行业发起"互联网+"的探索之路，通过在直营城市 B2B 中不断沉淀和优化，搭建了"产业 B2B 交易平台+SaaS 服务+供应链金融+大数据服务"的综合性互联网平台。建立覆盖全球的集采网络，打造可视化、数字化的行情监测系统，构建 B2B三大开放体系，即订单系统、物流系统、推广系统，组成全链路的生鲜冷链食材分销网络，建立"最后一公里"冷链物流基础设施，重视大数据运用场景，沉淀行业最全消费大数据，以更加规范化、透明化的供应链平台替代原来粗放的线下批发市场。

2. 供应链管理更加透明化、标准化

湖北迈睿达供应链股份有限公司将 SaaS（软件即服务）、RaaS（机器人即服务）的模式应用于汽车制造物流供应链管理的实际工作中。公司自主研发的"迈睿达智慧供应链管理系统"与智慧物流设备系统对接，包括数据采集、订单收发、物料分配等全链条覆盖，为承接智能制造企业的供应链管理服务打下了良好的基础。基于系统打造集成主流厂商的智能物流设备平台，自主研发的设备调度系统在收到操作任务后统筹协调设备平台上的 AMR、ACV、无人叉车、自动立体库等相关智能设备。SaaS 模式的应用，推动了供应链管理的透明化、数字化，为客户精益生产提供了数字基础，也为智能设备提供了数据交互的平台。RasS 模式的应用为客户节约了时间和投入成本，减少了客户在专业问题上的风险，为公司的供应链管理服务降低了成本，也为公司承接智能制造企业的供应链管理服务打下了良好的基础。

3. 数字供应链管理平台为国家医疗保驾护航

新冠疫情的暴发，对全球各地区供应链产生巨大的冲击。在此背景下，启润医疗科技（厦门）有限公司就当下业务开展医疗数字供应链管理平台的创新与应用，保障在特殊环境下医院的供应链稳定。公司根据当前"国贸医疗"的业务特征，从信息流、实物流、资金流、商流四个维度开展研究建设。在软件设计上，采用领域模型作为贯穿软件生命周期的通用设计表达语言，遵循面向对象的设计方法，遵守"高内聚、低耦合"的设计原则。通过 PC 端与移动 H5 的协同运作提供物流仓储管理服务平台，将烦琐的服务流程智能化，更通过 Restful 微服务架构，将有效无缝对接上下游数据，协调物流仓储作业各环节的管理，使运输管理更有效率和效益。在移动端上，采用 Uni-APP 框架开发，一套代码稍微做下适配，就可以打包成 H5、App、各种主流小程序，解放生产力，降低开发及维护成本，为后期的发展奠定基础。"国贸医疗数字供应链平台"建设，使"国贸医疗"实现供需匹配、效率提升、医疗产品安全提升、客户服务供应端优化协同的效果。

4. "数值化"赋能供应链，实现从供应保障向价值运营转变

中国移动通信集团安徽有限公司通过全面实行标准化，基于供应链各个环节、24 个指标、"七色预警"，构建供应链"晴雨表"体系，展

现各环节健康图谱，监控、共享、分析运营数据，实现全周期精益化管控；贯通内部、外部流程，推行三级联动、三级预警、三级稽核机制，实现端到端协同；创建大数据模型及算法，开展需求画像及健康度分析，实现数智化赋能，驱动运营；结合 5G、物联网等技术实现"一物一 ID"，实现物资全生命周期的"四可"管控；构建"供应链大脑"，将自动预测、自动预警、智能调拨、路径智能规划等与供应链融合，推进物资供应模式向智慧供应链交付运营转变。主要依托构建"晴雨表"数字化管理体系、建立端到端全流程协同、建立全生命周期管理体系、创新物联网管理模式、构建"供应链大脑"智慧平台，从这五个方面提高供应效能，促进公司形成敏捷、高效、智慧的供应链管理体系。

（三）物流平台数智化水平提升推动行业数字化变革

1. 数智化思维助力大宗商品供应链平台转型升级，构建产业链生态圈

传统的 B2B 跨境贸易业务环节中由于人工操作部分太多，导致差错率高、成本高，无法提供统一的服务给客户，业务模式单一、无品类运营、无法引导消费，采购议价能力差导致利润率低，支付手段落后、交易风险高、用户体验差，业务量增加后带来资金风险问题等。FAC-TORYHOOD（寰宇优厂）中欧化工跨境产业互联网平台致力于实现中欧两地化工品供应体系的精准对接，平台一直受制于 IT 体系不够完善的问题，使买卖双方无法进行对接，导致无法满足业务发展及变革的需要。基于此，深圳市敏思达信息技术有限公司以数智化思维从平台的框架层、组件层、应用层和解决方案层，为其定制开发大宗商品 B2B 供应链平台，实施整体信息化建设。数字化技术应用对平台进行了整合，形成跨洲际供应网络体系，解决了企业信息孤岛、信用孤岛、物流孤岛、资源孤岛、数据孤岛、风险管理孤岛等问题。通过平台建立标准业务流程，让每个参与方都能通过系统发声。依托产业线上交易平台建立互联互通、融合发展的关系，将各自为营的格局转为既竞争又合作、既独立生存又开放包容的良性生态格局。有效构建并升级化工产业链生态圈，搭建了开放、共享的产业线上服务平台，集成了交易、结算、仓储、物流、金融等配套服务，应用程度高，客户黏性强。平台在标准化、贸易、结算、物流管理、大数据五大基础上，形成智慧产业互联

网，以智慧产业互联网支持化工供应链的发展，实现服务智能化、管理智能化。

2. 网络货运平台数字化发展

网络货运平台目前在税务、政策、运营等方面处于探索阶段，标准尚须完善，在实际操作中缺乏具体运行办法，更易受多方因素制约而出现偏差。总体来说，网络货运平台在技术应用、风控要求、监管力度、政策支持上还需有更大的突破，规范化和标准化整合的过程是网络货运破局的关键。为此，江西约货科技有限公司依托"互联网+大数据+AI"技术，贴合市场需求，实现数字化匹配与业务模式融合，致力于打造"高智慧化、高数字化、高效率化"的物流服务平台。平台可实现行驶轨迹查询功能，使运费安全获得保障，数据可做到随时检测与同步，自建的自动化风控系统采取拦截与风险判定双引擎作业。曹妃甸港物联科技有限公司依托大数据处理和智能物联等技术，租用阿里云服务器，采用北斗 GIS 地理位置信息服务、LBS 基站服务和 AI 智能服务，建设港车厂协同网络货运平台，整合港口资源，优化集疏港业务，将人、车、货、场、码头、内陆港等要素进行有效衔接和协同。通过信息共享和供应链协作，将货主、平台、运输公司、司机无缝互联，实现发货、中转、调度、在途、签收、结算等全过程的物流协作互通。有效整合上下游资源，实现高效率的协同物流，提升平台参与方的信息化和物流标准化程度，解决物流行业管理效率低、信息不对称、物流服务标准缺失、综合成本高的问题。项目应用后可减少物流中间环节，大幅降低集疏港物流成本，提高港口集疏运效率和服务质量，吸引更多的货主和运输车辆加入项目平台，并以示范模式快速扩大其在港口货运市场的辐射范围。

3. 多式联运整合多种运输方式物流资源，构建全程智慧供应链信息服务生态圈

多式联运作为一种集高效、安全、经济、环保等众多优势于一身的综合性运输方式，能够通过不同运输方式的优势互补来减少货物中转环节、缩短运输时间、降低运输成本。目前我国各种运输方式之间及城市交通间已建成初步联运模式，但多式联运市场体系尚未健全，衔接水平和衔接效率仍然不高，信息互联互评水平不高、数据不联通、标准不统

一，致使难以整合共享，全程数据跟踪服务缺失。上海文景信息科技有限公司研发的"智运网多式联运供应链创新服务平台"基于大数据的平台结构，实现了多维度精细化的统计分析、秒级数据处理速度以及实时采集建模，并支持私有化部署；利用区块链去中心化共享机制，采用P2P分布式记账模式，同时在整个数据传输环节中采用非对称加密技术实现智能单证，可实现单证及时转移、立即签发；SaaS云应用可支持车队、仓储、报关、货代等业务管理；基于微服务的EDI/API数据交换中心能够与交通运输部、国铁集团、国家物流信息平台、国家电子口岸，以及各大港口、铁路、公路和金融机构等类型系统全面对接，形成多式联运全程物流跟踪数据库，实现多式联运平台内部之间以及与外部单位系统之间的无缝衔接与互联互通，为订单全程跟踪打下基础。另外，平台采用多式联运一单制模式，依据平台积累的大量真实的物流数据，通过大数据分析技术，构建风险管控体系，整合商业银行、保险、信托等金融机构资源，以提单作为物权凭证，为中小型企业供应链金融服务的开展提供强大保障。

4. 物流服务平台向产业互联网平台转型升级

上海找油信息科技有限公司作为国家认定的高新技术企业、能源产业互联网的领头羊，通过移动互联、LBS及大数据等新兴技术，重构能源消费行业的信息流、资金流和物流，以SSSaaS（Software软件+Service服务+Supply Chain供应链）构建新型能源交易平台。在能源需求层面，为物流车辆提供可定制的一站式能源数字化管理系统；在能源供给层面，为加油站提供软硬结合的一站式智慧加油和数字化供应链服务，并以在线经济平台模式将两者进行精准匹配，助力能源消费企业降本增效、赋能加油站智慧升级。SaaS云系统是为物流企业搭建的可定制、可共享、智能化的全行业解决方案。它借助于智慧油卡，打破主营、民营及合资加油站之间的壁垒，实现了物流客户、物流司机、加油站之间的互联互通。实现了平台向上游炼厂直接采购，通过合作油站向物流企业货车加注，平台形成了从上游炼厂到终端零售的直通供应链。

（四）仓配管理系统智慧化、数字化发展

传统的仓储管理模式都是以纸质单据为凭证进行仓储作业的。为解决仓储作业效率低下、库存信息不准确、人工管理成本高等问题，以实现仓储精细化管理为目标，湖南移动通信有限公司开发了基于 PDA 终端的智慧仓储平台，通过基于超高频 RFID 的物联网技术来提高仓储效率、空间利用率，实现物体的跟踪可追溯、业务操作智能化、库存透明化，从而提高库存管理效率和生产力水平。

近几年以 B2C 电商的快速发展为驱动，客户对电商物流服务的要求越来越高，为了支持最终消费者订单快速满足的需求，门到门信息技术有限公司推出标准化物流设备数字仓库，并建立标准化仓库作业流程，将标准的物流设备进行数据采集，通过平台与货主对接，实现运力资源的优化配置，提升满足大型货主可视化、网络化、规模化、标准化服务的能力，提供运力一体化解决方案。在结合已有的线下配送体系提供最优运力的同时，通过线上的透明物流系统，为货主、收货人提供货物状态的实时查询，保障货物安全。对车辆所在位置推送货源信息，增进企业与车辆间的信息互通，让企业与仓库之间产生信息的直接交流，真正提高企业货物调度效率，对货物与车辆实时监控，降低物流总成本，使企业利润提升。信息化技术实现了数字仓库的建设，通过节能减排真正实现绿色物流。

目前我国大宗物资物流园区的信息化水平有了明显提升，有先进的建设理念；物流信息化和基础设施同步建设，有室内仓储、保税库、期货交割库等现代仓储设施；有 RFID 条码技术、PDA 手持终端、无人天车、机器人等现代化智能设备。但园区的仓配管理系统智能化仍处于起步阶段，大数据分析、智能决策支撑等软件系统缺失，园区内不同模块及不同园区之间信息互联互通性较差，"信息孤岛"仍然存在，难以形成完整、高效的信息供应链，制约了园区的发展。四川物通科技有限公司定制开发的"物通大宗物资数字化仓配管理系统"，通过二维码扫描、图像识别、RFID 等智能设备可实现自动信息采集，以动态储位分配和智能调度决策模型与算法为核心，实现了大宗物资仓配管理全流程数字化、作业全过程控制智能化。系统应用后，园区吞吐量增长率超过 25%，仓库容积利用率提高 15%，现场总体作业效率提升 35%，园区交通阻塞率显著下降，车辆配送效率提高超过 20%，终端客户平均等候时间减少 2 小时以上，准时送达率提高 35% 以上，收发差错率由 0.1% 下降为 0.01%。

（五）物流大数据、区块链等技术推动航运物流数字化进程，增强数字化管理能力

在信息化高速发展的今天，航运物流的信息化程度低于其他行业。航运物流产业链较长，虽然这些环节内部各自有信息化系统，但产业链上下游之间没有连通。航运物流需高度依赖各环节之间的协同，传递大量单据和信息。亿海蓝（北京）数据技术股份公司基于互联网，以船舶位置监控为核心搭建航运大数据信息平台，为大宗商品及集装箱产业运输链上的多种类型企业提供实时的船舶物流跟踪服务。综合利用船舶信息、集装箱物流跟踪信息、提单信息和反洗钱黑名单制裁查验策略，建立以海运货物为主的贸易真实性核查系统。以数据和技术能力为基础，实现港航调度可视化。纸质提单在航运物流中普遍存在传输效率低、在途时间长、在多个快递服务之间传递和交换、安全性弱、解决损坏和遗失甚至被盗提单的重新签发需要花费较多时间、签发和运输一张纸质提单的成本高昂等问题。区块链作为新一代信息技术正被加速应用，区块链技术与电子提单的结合给纸质提单普遍存在的问题提供了解决方案。中国外运股份有限公司利用区块链技术多中心、自动化、可信任等特性，开发 NVOCC 区块链电子提单项目，实现承运人和托运人双方安全透明，使公平公正的交易成为可能，并为电子提单提供跨国贸易中的信用来源，使电子提单具备同纸质提单相类似的"可转让性"，为借助网络实现价值转移提供了技术支撑。NVOCC 区块链电子提单应用不断深入，助力中外运与客户、船公司和海外网络构建新型信任协同机制，增强与客户交易间的数字化管理能力，并显著提升全链条业务处理能力和市场拓展能力，降低物流运营成本和安全风险。为打造"数字外运"、发展数字经济迈出了坚实的一步。

三、现代物流业发展趋势

现代物流业是融合运输、仓储、货代、信息等产业的复合型服务业。由于其涉及领域广、吸纳就业人数多、促进生产拉动消费作用大，被誉为"第三利润源泉"。在世界经济需求不振、国内经济结构调整加快和高质量发展要求的背景下，大力发展现代物流业有促进产业结构调整、转变经济增长方式、提高经济发展质量、增强国民经济综合竞争力

的重要作用。当前，我国现代物流业逐渐呈现出以下发展趋势：一是区域物流发展成为现代物流业转型升级的新驱动力。区域经济的发展为区域物流发展提供了必要的物流需求市场，有利于打破物流地区封锁的条块分割弊端。物流企业通过区域联盟化、区域物流信息平台、跨区域多式联运等方式推动区域之间物流资源更快捷地流通，促进现代物流业的持续发展和转型升级。二是多产业联动整合发展成为现代物流业发展的内在动力。近年来，物流企业联动多产业的物流一体化成为发展主流和趋势，特别是物流与制造业、商贸业、金融业等行业的融合。与物流业联动与深入融合的多产业联合体已经成为合作共赢的发展趋势，也是现代物流业可持续发展的创新模式。三是多方面提升物流服务质量成为现代物流企业提升竞争力的主要手段。物流企业提升服务质量，既可提高用户的满意度，又能提升企业运营效益，实现双赢局面。①

第四节　第四方物流的内涵及其运作模式

一、第四方物流的内涵

第四方物流（The Fourth Party Logistics，4PL）在 1998 年由安德森咨询公司首次提出，主要是通过对物流资源、物流设施和物流技术的整合和管理，提供物流全过程的方案设计、实施办法和解决途径的业务模式②。第四方物流是一种集物流方案的顶层设计、提供专业物流资讯、规划、供应链管理及共享的综合服务系统，它通过运用计算机网络及信息化技术，对本组织及其他伙伴组织的资源、功能和技术进行集成，并在此基础上针对供应链的具体结构，设计、构建物流运作模式，提供供应链整体解决方案③。

第四方物流的出现是市场整合的结果，由第三方物流服务提供商、管理咨询公司、IT 服务提供商、集成技术提供商以及业务流程管理者

① 何黎明. 中国智慧物流发展趋势［J］. 中国流通经济，2017，31（6）：3-7.
② 卢凤娇，金鑫. 我国第四方物流发展问题研究［J］. 中国集体经济，2015（15）：95-96.
③ 陆雄文. 管理学大辞典［M］. 上海：上海辞书出版社，2013.

等共同组成一个动态的战略联盟，联盟内各成员间优势互补，资源和信息共享，目标一致，利益一体化，是一种非产权式的共赢合作。第四方物流的任务是通过物流信息资源、信息平台和信息技术，取代传统物流企业和生产企业物流部门的管理和优化职能，以集成的方式解决和优化不同生产企业和第三方物流公司的物流运营和管理问题。在本质上，第四方物流是一个基于现代物流服务模式的供应链综合集成商。[①]

在要件构成上，第四方物流应该包括网络信息平台、第三方物流供应商和综合物流服务人才。第四方物流平台如果要实现整合第三方供应商，必须满足三个条件：必须不是物流的利益方，必须能实现信息共享，必须有能力整合所有物流资源。第四方物流服务商为客户实施新的业务方案，必须集成管理咨询和第三方物流服务商的能力。第四方物流最高层次的方案就是再造，即供应链协作和供应链过程的再设计。再造过程就是基于传统的供应链管理咨询技巧，使公司的业务策略和供应链策略协调一致。第三方物流供应商的技术在这一过程中起到催化剂的作用，整合和优化了供应链内部和与之交叉的供应链的运作。第四方物流依靠业内最优秀的第三方物流供应商为客户提供独特的和广泛的供应链解决方案，因此第三方物流供应商是第四方物流发展的基础。第四方物流涉及对整个供应链进行流程再造，这就对物流人才提出了更高的要求，可以毫不夸张地说，这些人员既是专业人才，也是综合型服务人才。[②]

二、第四方物流的特点

相对传统物流企业，第四方物流具有以下特点：

第一，第四方物流所提供的供应链解决方案具有高度综合性。它在协助企业进行有效战略分析的同时，为企业提供基于供应链的有效物流规划方案，业务流程重组，完成上下游企业的综合化物流方案，使整体物流服务能力进一步提升，整个供应链的运作成本降低。这种集成化的

---

① 王晓平，郑忠义，李文龙，宛如星. 基于第四方物流信息平台的农产品流通体系构建 [J]. 商业经济研究, 2018（23）: 111-113.

② 潘娅媚. 第四方物流运作模式及发展前景分析 [J]. 商业经济研究, 2016（12）: 82-85.

物流服务为供应商带来了自身可能不具备的汽车、仓库等有形资产，利用这种强有力的资源整合能力，不论集成物流服务的供应商规模大小，都可以通过与其他功能性企业共同组建物流网络，达到协同合作的目的。

第二，第四方物流具备高效信息处理的技术能力，为企业信息化建设提供了服务支持平台。信息化建设得到现代物流企业的广泛关注和重视。如果只依靠自身信息系统的技术支持，物流服务的各个环节难以实现信息共享，也不能保证物流服务的顺畅运作。根据物流需求方的业务流程，第四方物流需要设计最佳的物流运作方案，使顾客对调货、仓储和配送信息准确处理的需求得以满足，实现了供应链的有效整合和无障碍衔接。

第三，第四方物流搭建了客户、物流和信息供应商之间的桥梁，能为顾客提供一站式、网络化的物流服务。第四方物流在充当唯一"联系人"的角色过程中，为顾客提供个性化、快速、高效、低成本的个性服务。第四方物流将自身优势、顾客能力、第三方物流、技术供应商、合作物流供应商的能力综合，通过提供全方位的供应链解决方案，为顾客提供持续更新的产品销售预测、包装方式、运输方式、仓库设立、库存设置等货物流动的一系列最佳解决方案。[①]

三、第四方物流的功能及其运作模式

（一）第四方物流的功能

在实际运作过程中，第四方物流主要有下列功能：一是利用信息平台进行资源优化。第四方物流企业通过自己在物流领域的专业知识加上与 IT 平台提供商紧密合作，共同开发基于供应链的物流信息平台。通过众多客户资源、第四方物流企业自身的社会资源，第三方物流服务提供商将各种来源的信息进行分析处理，并对数据进行优化，发现客户企业的物流瓶颈，找出相应对策，加快物流服务响应速度。

二是降低物流总成本。第四方物流企业以其自身的优势，不局限于

---

① 陈姗姗，胡文迪，陆兴宇，张咏琪，李明桧．我国第四方物流体系的构建与优化［J］．物流工程与管理，2021，43（5）：10-12．

某一个客户的范围，而是利用整个区域行业的所有客户资源进行整合。它在满足整个社会对于物流服务需求的同时，能够减少整个社会货物流通时间和物流所占的生产成本。与此同时，控制污染成本，降低二氧化碳的排放和空气的污染。

三是提供供应链解决方案。目前客户需要得到包括电子采购、订单处理能力、虚拟库存管理等服务。一些企业经常发现第三方物流提供商缺乏当前所需要的综合技能、集成技术、战略专业技术和全球扩展能力，特别是供应链全程个性化服务。第四方物流企业会从客户的战略和运行模式高度出发，分析客户对于物流服务的真正需求，从而引导客户做出正确的判断，集中客户所有的资源加强自己的核心竞争力，从而为自己企业带来更大的利润。

（二）第四方物流的运作模式

随着第四方物流不断发展完善，第四方物流运作模式将不断推广和创新，种类也会日渐丰富。目前，第四方物流运作模式主要有三种：①

1. 协同运作模式

协同运作模式的根本是第四方物流与第三方物流形成战略合作关系，共同开发市场，以达到双赢的效果。一般来说，由第四方物流供应商制订供应链方案、提供供应链设计与管理技巧、传授信息及通信技术、设计物流业务实施细则、指导市场经验及相关项目管理等，以使第二方物流成为第四方物流的实施者及在第四方物流的指导下完成整个物流运作过程。

2. 集成运作模式

该模式可分为两种：一是方案集成商模式。方案集成商模式的根本在于将第四方物流供应商介于第三方物流供应商与企业之间，进而使第四方物流供应商起到连接第三方物流供应商与企业之间桥梁的作用。采用此种物流模式，使第四方物流对其本身所拥有的技术能力及第三方物流所拥有的资源进行整合管理，从而使第四方物流供应商借助第三方物

---

① 潘娅娟. 第四方物流运作模式及发展前景分析［J］. 商业经济研究，2016（12）：82-85.

流直接服务企业，在很大程度上提升供应商自身价值及企业所得到的物流服务水平。二是行业创新者模式。行业创新者模式与方案集成商模式同属于集成运作模式，因而在行业创新者模式之中，第四方物流供应商同样起到沟通第三方物流与企业之间桥梁的作用。在该种模式之中，第四方物流供应商向上整合集成第三方物流企业，向下为企业提供具体的物流解决方案；与方案集成商所不同的是，行业创新者模式中第四方物流供应商向下所服务的对象不是单一的企业客户，而是涉及多个行业的企业客户。

3. 行业创新模式

行业创新模式特点是第四方物流作为领军者，领导其他行业内的物流进行高端人才的培养，运用尖端的技术进行创新，为客户提供最完美的服务。此种模式的特点在于短期内无法立刻达到预期的效果，需要一定时间的积累，以现有的技术作为基础踏板，开创新的经营管理模式。行业创新模式对物流信息技术依赖性较高，需要高端物流人才的支撑，且该模式有利于形成物流产业集群效应，更加符合国际化和创新性原则的要求，如云和软件与微软公司达成战略合作协议，云和软件公司落户郑州航空港，成为首家落户郑州的云计算服务企业，此外还有更多的 IT 企业和大型电商企业布局郑州，如谷歌、阿里巴巴、百度、中国制造网等，为发展第四方物流运作模式提供了技术条件。同时 UPS、联邦物流、菜鸟物流等国内外知名物流公司入驻郑州航空港，带来和吸引了一批高端物流人才，能够为实施行业创新型第四方物流运作模式提供人才。[1]

第五节 建设第四方物流中心的条件

第四方物流中心是第四方物流具体的依托和表现形式，构建第四方物流中心需要以下要素的支撑予以保障。[2]

---

[1] 李申申. 河南省第四方物流运作模式探究——以郑州航空港为例 [J]. 现代经济信息, 2017 (22): 487+489.

[2] 张春霞, 彭东华. 我国智慧物流发展对策 [J]. 中国流通经济, 2013, 27 (10): 35-39.

一、政策支持

围绕现代物流业跨越发展的新目标，理顺管理体制，着力强化财政税收、投融资、土地、城市通行、人才引进等政策扶持，完善物流业统计制度和规划落实考核制度，为物流业发展、软实力提高营造良好环境。在财政政策方面，把第四方物流项目作为重点扶持项目，建立动态有效的政府财力保障支持机制，推动财政专项资金和税收减免政策转向第四方物流应用试点、第四方物流技术和产品研发，以促进第四方物流快速发展。在第四方物流重点项目建设初期，可由政府投入大部分建设资金，同时吸引部分社会资金投资，按照非营利企业模式运营管理；在项目建设中期，可由政府和社会按照一定比例投入资金，按照企业模式运营管理；在项目建设末期，可由社会投入大部分资金，政府给予一定补贴，实行市场化运作和管理。

二、组织领导

由于我国物流资源在全国范围内分布不平衡，需要国家制定物流产业发展规划，出台物流产业发展政策，应用新的传感技术、移动计算技术、无线网络传输技术等，建立产品智能可追溯网络系统、物流过程可视化智能管理网络体系、智能化企业物流配送中心和企业智慧供应链，培育一批信息化水平高、示范带动作用强的第四方物流平台，从而带动物流企业的发展，提升整体物流效率。除此之外，与物流紧密相关的交通运输基础设施和货运通道网络规划需进一步完善。制定相关法律规范，营造一个公平有序的统一市场环境，有利于消除各地区之间的市场障碍，使生产要素能自由流动，从而优化资源配置，形成统一、开放、有序的市场，更好地保护经营者的合法权益，维护物流用户正当利益，实现物流产业法制化、规范化和制度化。

三、区位优势

区位因素体现某一区域在经济、区位及政策等方面所拥有的综合资源优势。物流活动趋向于集中在交通资源丰富的地区，具有发展物流产业的客观利好因素或是良好的交通运输条件及优越的地理位置是物流区位优势所在。物流枢纽城市的培育需要具备三个特征，即交通成本、区位优势、产业集聚水平。具有物流区位优势的城市具备培育成物流枢纽城市的潜能，并且发挥辐射带动作用，推动周边地区物流产业的发展，进而提高区域物流发展效率。

四、产业基础

第四方物流是一种面向服务、高效智能与集成的现代物流运作模式，推动物流公共信息平台建设，智能物流发展的横向集成最终要落实到物流公共信息平台上。通过对各区域内物流相关信息的采集，为生产、销售及物流企业等信息系统提供基础物流信息，满足企业信息系统对物流公用信息的需求，实现企业信息系统的各种功能，为建立政府部门间行业管理与市场规范化管理方面的协同工作机制，提供共享物流信息的支持。

五、领先技术

第四方物流建设的核心问题之一就是对重要共性关键技术的研发。目前，在物流业应用较多的感知手段主要是射频识别和全球定位技术。今后，随着物联网技术的不断发展，激光、卫星定位、全球定位、地理信息系统、智能交通、机器对机器通信（M2M）等多种技术也将更多集成应用于现代物流领域，用于现代物流作业中的各种感知与操作。例如，温度的感知用于冷链物流，侵入系统的感知用于物流安全防盗，视频的感知用于各种控制环节与物流作业引导等。

六、人才聚集

物流管理在第四方物流中占据重要地位。国家相关部门要出台相关政策措施，着眼于长远，加大人才培养、引进、使用等环节的政策扶持力度，整合高校、科研院所、软件企业等各种机构资源，通过多种渠道重点培养创新型、管理型、高技能型的人才，为第四方物流发展提供智力支持。要建立人才激励机制，加大高端人才引进力度，有针对性地引进物联网、云计算、信息技术服务、第四方物流管理等领域的高端人才，进一步完善人才服务的市场机制，促进人才的合理流动与优化配置。

七、物流基础

发展第三方物流，整合第三方物流市场，扩大第三方物流企业的规模，为第四方物流提供基础。第四方物流旨在协调供应链中的各个环节，而协调好与第三方物流的关系相当重要，二者之间关系的好坏直接影响到第四方物流能否顺利进行。

第二章

全球视角：全球第四方物流发展分析

　　本章主要从全球经济、社会发展视角研究第四方物流发展。信息技术的广泛应用、全球化生产和全球化消费都对第四方物流产生大量的需求；与此同时，数字化、智能化变革，推动了物流业分工深化，推动了第四方物流的发展。在第四方物流的发展历程中，其服务对象从大型企业扩大到大中小型企业，其服务内容不断细化和扩展，为全球供应链发展、全球物流市场发展和经济全球化提供了重要的服务支撑。全球物流中心城市建设第四方物流成为物流业发展的重要趋势，对抢占物流发展高地，提高产业国际竞争力，国际贸易竞争力和全球价值链话语权都具有重要意义。

　　物流已经成为全球经贸发展的重要基础设施和服务，物流的发展成为经济全球化的润滑剂和加速器，是各国构筑贸易和产业竞争力的重要基础。进入 21 世纪以来，第四方物流发展越来越受到制造企业、商业企业和物流企业的重视，在全球物流服务市场中扮演越来越重要的角色，成为继第三方物流模式后的全球物流发展的重要趋势。一方面，从全球物流服务需求来看，随着全球产业分工的广度和深度不断提升，电子商务渗透率持续提高，全球生产、消费对物流提出了新的、更具挑战性的要求，在物流设计规划、物流信息平台服务、供应链管理等领域不断增长的需求拉动了第四方物流的快速发展；另一方面，从全球物流业自身发展来看，对成本和效率的追逐驱使物流企业不断探索应用信息技术，以物联网、云计算、大数据、移动互联网、人工智能等为代表的信息技术与物流业的融合加速了产业的数字化和智能化变革，进一步深化了行业分工水平，第四方物流成为物流业在数字时代行业分工深化的重要发展方向。2020 年以来，在新冠病毒大流行、全球变暖等环境挑战严峻、经济社会发展不确定性较强、能源等大宗商品价格上涨的形势下，第四方物流发展成为稳定和畅通供应链、降本提质增效的重要路径。因此，第四方物流中心对于进一步提高物流发展水平，增强全球物流服务竞争力，建立全球价值链话语权都具有重要意义。

第一节　全球化驱动第四方物流发展

在经济全球化进程下，产业分工和商贸发展带来巨大的全球物流需求，陆运、水运、空运和管道等多种物流运输方式快速发展，港口、机场、公路、铁路、管道、仓储等物流基础设施不断完善，国际物流（International Logistics）和国内物流（Domestic Logistics）加速融合，形成了满足不同时效、成本要求，适用多种贸易方式、货物特点和区域地理特征的全球物流服务网络，成为保障全球社会、经济稳定运转的重要基础服务。据世界银行报告统计，全球物流服务收入在 2018 年已经超过 4.3 万亿美元。

一、全球贸易推动国际物流规模化发展

经济全球化是世界经济的重要特征和趋势，尽管经济全球化在一定程度上遭到反对和受到质疑，但不可否认经济全球化推动了全球经济发展，促进了各国经贸紧密合作。贸易的增长带来大量物流服务需求。在 1990~2020 中，全球贸易保持了约 5.6% 的复合增长率（见图 2-1），其中，海运贸易的复合年增长率约为 2.9%（见图 2-2）。世界贸易组织公布的数据显示，到 2019 年底，全球货物贸易量已经达到 19 万亿美元。贸易的长期、快速、稳定增长给国际物流发展带来了巨大市场需求，同时国际物流服务网络的不断扩大、服务效率的持续提升都很大地促进了全球经济合作与贸易发展。

由于受到新冠病毒感染影响，全球货物贸易受到冲击，2020 年全球货物贸易额下滑至 17.6 万亿美元。随着新冠疫苗、药物的成功研制，以及多个经济体实施的财政和货币政策刺激消费需求的增长，中国等亚

洲经济体实施有效疫情管控措施并遏制了经济下滑，全球贸易需求得以提振，2021年全球贸易量快速反弹，达到22.4万亿美元，创下历史新高（见图2-1）。

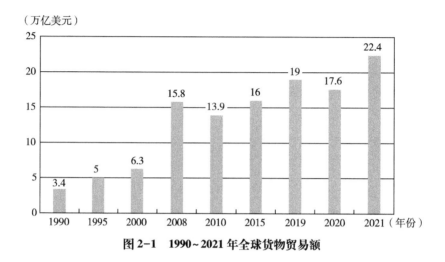

图2-1　1990~2021年全球货物贸易额

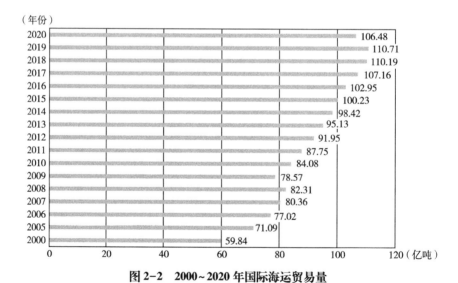

图2-2　2000~2020年国际海运贸易量

资料来源：联合国易与发展会议．海运评述2021［EB/OL］．http：//www.unctad.org/。

　　巨量贸易带来与之相应的规模化国际物流需求。尽管受到疫情冲击，2020年全球货物贸易下滑，但海运量依然达到了106.5亿吨，全球集装箱港口运输约 8.156 亿 TEUs。据联合国贸发会议统计数据显示，在 2020 年，全球超过 100 吨以上的商船达到了 99800 艘，比 2019 年增长了 3%，总载重吨数达到 20.7 亿吨；到 2021 年 1 月，总载重吨数达到了 21.3 亿吨。

二、全球产业分工深化和广化推动全球供应链物流快速发展

产业分工在经济全球化趋势和信息技术革命支持下，在全球范围内深度展开。制造转移、服务外包、进入新市场成为跨国公司降低成本、提高效率、获取国际市场份额的重要方式，发展中国家纷纷依托自身要素禀赋，制定相应开放和产业政策，融入全球产业链，构建在全球化背景下的自身产业竞争优势。全球相互联系、相互依存的人类命运共同体逐步形成。

经济全球化带来的生产要素、产品的全球配置和流动，给跨国生产组织和产品流通带来了快速增长的全球供应链物流需求。如何在复杂的全球生产—流通—消费网络中，形成稳定、灵活、高效的供应链是跨国公司维系和提升国际竞争力需要解决的核心问题之一。供应链物流相比于传统物流，具有更高的系统性、协调性、稳定性和灵活性要求，仅仅依靠第一方、第二方和第三方物流模式难以满足全球化供应链管理需求，因而需要更加专业化的第四方物流服务支撑。特别是在新冠病毒感染暴发以来，全球供应链受到疫情冲击，使越来越多的国家和企业重视全球供应链管理，保障生产、消费的循环畅通，第四方物流服务的重要性更加凸显。

三、跨境电子商务推动国际物流模式创新

电子商务已经成为全球贸易采购、零售消费的重要渠道和全球商务发展趋势。20 世纪 90 年代初，亚马逊、eBay 等创始于美国的电子商务公司快速走上了国际化道路，推动了全球跨境电子商务的发展。随着全球信息基础设施的不断完善、互联网渗透率的持续提高，应用电子商务进行全球化采购和销售已经成为企业优化供应链、拓展市场空间的重要战略；线上消费也成为消费者国际化、个性化消费的重要选择。特别是原生于数字时代的 Z 世代成为重要消费群体后，线上社区、线上零售渠道成为年轻、时尚的集聚区，成为传统制造商、品牌商和新兴互联网品牌争夺市场的重要领域。全球线上网络零售市场成为电子商务零售平台、制造商、品牌商、传统零售企业争相进入和抢夺的市场，电子商务网络零售规模多年来呈现了较快增长态势。2020年新冠病毒感染暴发后，世界各国采取的防控措施带来的空间限制和时间成本对全球线下正常商务交流产生了较大的阻碍。这进一步激发了生产、流通和消费领域对电子商务的需求，促进了全球在线零售市场在2021年达到了4.28万亿美元，呈现爆发式增长，预计2022年将达到5.4万亿美元规模①。

随着国际消费者、采购商对本地化服务和物流时效要求的不断提高，传统国际物流模式难以满足电子商务物流需求。亚马逊等跨境电子商务平台为更好地满足平台商户和消费者的物流需求，开始创新发展全球电子商务物流服务模式，提高全球电子商务物流水平。从2007年开始，亚马逊为了提升亚马逊的用户体验，提高用户黏性，推出了亚马逊物流服务（Fullfillment by Amazon，FBA），是较早开始整合平台物流业务并向电子商务卖家提供物流服务的全球电子商务平台。

专栏 2-1　亚马逊物流服务

亚马逊物流服务，即亚马逊将自身物流平台开放给第三方卖家，将其库存纳入亚马逊全球的物流网络，为其提供拣货、包装以及终端配送的服务及退、换货等服务，亚马逊则收取服务费用。

亚马逊拥有全球先进的电商运营系统及物流仓储运营体系。2007年引入了FBA服务，电子商务卖家可以通过亚马逊物流将库存运送到亚马逊库房。在收到订单后，亚马逊会将商品配送给买家。通过FBA，卖家可以充分利用亚马逊的配送网络、基础设施、世界一流的配送服务、退货系统和客户服务流程。目前，亚马逊在全球拥有175个运营中心，可以存储并随时通过亚马逊物流配送订单商品。

资料来源：百度百科、亚马逊物流官方资料。

---

① 联合国贸易与发展会议。

亚马逊物流的服务模式创新推动了全球电子商务物流的发展。大型跨境电子商务平台纷纷推出自己的物流服务平台。这种把产品库存提前发送到海外仓储，再根据订单配送至买家的海外仓物流模式具有更高的时效和售后服务优势。跨境电子商务企业越来越多地使用海外仓物流服务来提升本地化服务能力。海外仓物流模式成为全球跨境电商物流模式创新的重要方向。高效的海外仓物流不仅需要完善的仓储设施和高效的运输能力，更需要基于用户和交易大数据形成的库存决策进行海外仓供应链管理，形成生产、流通和消费的高效循环。由此可见，基于电子商务平台的第四方物流服务对于跨境电子商务物流发展非常重要。

四、新冠病毒感染加速物流数字化发展变革的大趋势

突如其来的新冠病毒感染给全球社会、经济带来的巨大冲击，特别是对全球供应链的冲击，暴露出了原有全球产业分工形成的生产网络和供应链体系的脆弱性。增强供应链的韧性，确保供应链的稳定性、连续性和敏捷性成为后疫情时期全球供应链管理的重要目标。这加快了全球供应链体系的结构调整和数字化变革。

全球供应链结构调整在疫情前已经开始，并因新冠病毒感染而加速。以美国为代表的发达国家在多年前就开始重新配置其全球生产网络。美国制造业回流计划开始于奥巴马政府。2009 年，美国推出了《美国制造业振兴框架》（*A Framework for Revitalizing American Manufacturing*），并在特朗普和拜登政府时期，继续推进美国制造业发展。制造业回流计划已经成为美国政府的长期战略，并延续至今。

新冠病毒感染的全球蔓延使不少国家、跨国公司重新审视自身的生产网络与供应链，加快了生产回迁和近岸外包的趋势；但这种趋势很难逆转经济全球化发展的时代趋势。尽管具有较低生产迁回水平的劳动密集型和低附加值产品相对来说更容易进行供应链更替，但是具有较高生产迁回水平的中高附加值产品，由于其全球专业化生产分工形成了相互依赖的紧密合作关系，产品供应链调整更为复杂。这就需要进一步加强全球供应链管理，协调好本地供应链与全球供应链关系，平衡好经营连续性和灵活性的关系、效率与成本的关系。

新冠病毒感染的非接触要求也加快了物流系统的数字化变革（传

感器、区块链、大数据、物联网、人工智能等新兴技术）在船舶、货车等运输工具以及港口等物流基础设施中的应用。这些技术在新冠病毒感染流行期间，有助于减少物理接触，保持船舶和货车移动、港口开放和跨境贸易流动，保障供应链连续和稳定。

五、物流绩效指数成为各国评价物流发展的重要指标

随着经济全球化的发展，全球化生产和消费成为经济运行的重要特征。这使全球经济、社会发展越来越依赖高效的国内和国际物流系统。因此，良好的国内和国际物流运作成为构筑国家竞争力的先决条件。世界银行为了更好地评价各国物流的发展情况，制定了标准化的由海关、基础设施、国际货运、物流竞争力、货物追踪、物流及时性六个关键指数构成的物流绩效评价指标（Logistics Performance Index，LPI），并每隔1年对全球160多个国家和地区的物流绩效进行评价。从2018年公布的LPI指数来看，发达国家在物流绩效表现上普遍领先于发展中国家，尤其是德国，其物流绩效表现一直处于全球第一位置（见图2-3）。

中国的物流绩效指数得分从2007年的3.32上升到2018年的3.61，显示出中国在提升物流绩效上的努力，特别是在物流基础设施和国际货运方面，有了长足的进步。尽管从全球排名上来看，中国从2007年的第30名上升至2018年的第26名，在过去十年中排名稳定，但在中等收入以上国家和地区中，中国稳居第一位。

六、发达国家依然主导全球物流发展

由于发达国家在全球生产和消费中依然占据着主导地位，无论是在供应链管理上还是物流服务上，发达国家在行业和市场发展上依然具有较强的控制权和话语权。一方面，发达国家拥有大量全球消费品牌、高端制造企业和大型商业跨国公司，如苹果、特斯拉、耐克、波音、英特尔、丰田、沃尔玛、亚马逊等，都是世界生产网络、流通渠道的主导者，同时发达国家又拥有大量中高收入群体，又是全球消费的主要消费市场。据麦肯锡研究报告显示，发达经济体在2017年消费了62%的全球化商品。另一方面，发达国家在第三方物流、海运、快递等多个物流领域拥有诸多世界一流的物流服务企业，如DHL敦豪、德迅、德铁信

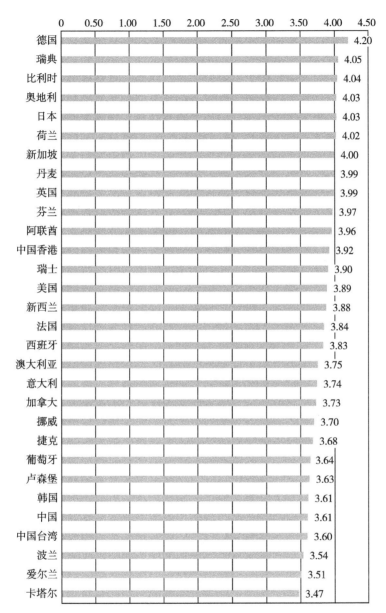

图2-3　2018年世界银行物流绩效指数（LPI）TOP30国家和地区

资料来源：世界银行：Connecting to Compete 2018 Trade Logistics in the Global Economy。

可、日本通运、泛亚班拿、罗宾森物流、马士基集团、地中海船运公司、联邦快递等。这些大型知名物流服务企业在全球建立了广泛的服务网点，为全球生产组织和商品流通提供的高效物流服务。

随着新兴发展中国家在全球生产和消费中地位的提升，其在生产和消费中也占据越来越重要的位置，进而引致其在全球物流市场中发挥着越来越重要的作用。特别是中国，伴随中国经济的持续快速发展，中国在全球制造、贸易中的份额越来越大，已成为全球中间品、消费品物流的重要市场。从 2020 年全球前 20 大集装箱港口来看，中国拥有 9 个，其中 7 个港口进入全球前 10 名（见表 2-1）；但由于中国具有国际竞争力的全球性物流服务企业较少，尽管中国拥有规模化的国际物流市场，但中国运输服务贸易仍长期处于逆差状态。

表 2-1　　　　　　　　　2020 年全球前 20 大集装箱港口

排序	港口	国家
1	上海	中国
2	新加坡	新加坡
3	宁波—舟山	中国
4	深圳	中国
5	广州	中国
6	青岛	中国
7	釜山	韩国
8	天津	中国
9	香港	中国
10	鹿特丹	荷兰
11	迪拜	阿联酋
12	巴生	马来西亚
13	安特卫普	比利时
14	厦门	中国
15	丹戎帕拉帕斯港	马来西亚
16	高雄	中国
17	洛杉矶	美国
18	汉堡	德国
19	长滩	美国
20	纽约	美国

资料来源：联合国贸易与发展会议。

　　除了上述六个发展特点外，在日趋严重的环境保护压力下，可持续发展成为全球物流发展的重要目标之一。发展绿色物流，减少物流的碳排放，承担更多社会责任成为全球物流企业特别是大型物流企业的重要企业战略，这也带来了对第四方物流服务的需求。

　　从全球化发展来看，无论是经济、社会层面还是物流自身发展，都对物流服务提出了新的要求，而传统第三方物流服务很难满足这些需求，必须依赖于第四方物流的快速发展来整合、优化传统物流路线、供应链网络和物流服务市场，实现更加高效、灵活、绿色的全球供应链和更加均衡的全球物流服务市场。

第二节　全球第四方物流发展演变

　　第四方物流起步于20世纪90年代，是第三方物流快速发展后，为满足更加灵活、高效、绿色的物流外包服务需求，特别是大型企业的供应链管理需求而兴起的物流服务模式。第四方物流理论上可以通过全面整合多个物流服务商、最佳供应商和最新技术供应商的能力，实现全球供应链的最优化。第四方物流在实践中也验证了理论的可行性，成为领先物流服务企业、咨询公司、商业企业和互联网企业等多方争相进入的服务市场。在20多年的实践发展中，伴随物流外包需求、物流和信息技术等方面的发展，第四方物流服务对象从大型企业进一步扩大到大中小型企业，服务内容不断细化和扩展，主要包括供应链管理、物流咨询和规划、物流信息系统、物流交易平台等，为全球供应链发展、全球物流市场发展和全球化发展提供了重要的服务支撑。

一、第四方物流成为全球物流发展重要模式

　　全球物流发展经历了从自我服务向专业化服务发展的历程。在20世纪80年代以前，全球物流以自我服务为主，即通过自有运输工具、仓库等来完成所有物流环节。进入20世纪80年代后，在国际贸易发展、市场竞争和成本压力下，企业开始把一些基础的物流功能外包给外部物流服务商，以提升企业核心竞争力。随着外部物流服务商的专业化和规模化发展，其物流服务功能不断扩大，效率水平日益提升，逐步发

展成为能提供长期、系统性物流服务的第三方物流服务商。此后，越来越多的企业开始与第三方物流服务商广泛和深度合作，把物流环节外包给外部物流服务商，第一方物流和第二方物流模式逐步被更加专业化、更高效的第三方物流模式替代。到 20 世纪 90 年代，第三方物流模式已经成为发达国家物流服务的主流模式，并主导了全球物流服务的发展。

随着第三方物流模式的发展，部分第三方物流的头部企业（也称为领先物流服务商，Lead Logistics Provider）为了更好地满足客户需求，提供高质量、低成本物流服务，开始整合第三方物流资源，提供物流咨询、设计规划和供应链管理等更高层次物流服务，形成了兼具第三方物流服务和第四方物流服务的物流服务集成模式。这种行业领先物流企业基于自身市场地位和物流资源，对多个第三方物流服务商进行的物流服务整合和优化，可以更好地满足客户系统性的供应链物流需求，引领物流服务向供应链管理服务发展，也是第四方物流服务独立发展的基础。

进入 21 世纪，随着生产和消费网络全球化进程加快，供应链管理对企业竞争力的重要性日益凸显，越来越多的企业寻求专业化的供应链管理服务。为了应对越来越紧迫的供应链挑战，基于第三方物流的物流咨询、规划、信息服务等专业化物流服务逐步独立，形成了第四方物流模式。第四方物流模式是在供给和需求两侧共同推动下的全球物流服务分工深化形成的重要服务模式，对于整合和优化第三方物流服务具有重要作用。第四方物流不仅有助于降低成本，更重要的是通过整合和优化供应链帮助客户更聚焦于自身核心竞争力，有助于客户组织内的价值创造过程，因此越来越受到跨国企业、物流服务企业的重视，成为全球物流服务发展的重要模式。

近年来，全球生产网络的深化和广化、电子商务的普及和消费市场的变革，在生产和消费上都对物流服务提出了新的要求：对消费需求的快速满足要求全球物流服务与生产、消费端的深度融合，以提供更加高效、灵活的服务，实现从商品订单的按时履约；对生产网络的协同需求，要求全球物流服务要加快数字化和智能化发展，在更大范围内，以更多物流方式，进行组织协同，提高分工协作水平，优化全球供应链，降低供应链成本。这些要求仅仅依靠众多第三方物流服务商很难满足，必须加快全球第四方物流的发展。据 Polaris Market Research 报告显示，全球第四方物流市场价值在 2021 年约为 498.4 亿美元，预计在 2022～2030 年将以 7.1% 的复合年增长率增长，到 2030 年达到 899.5 亿美元。

二、全球第四方物流的发展演变及特点

最早的第四方物流概念和定义是安达信（现为埃森哲）在 1996 年提出的，即"整合自身资源、能力和技术以及其他服务提供商的资源、能力与技术，以设计和管理复杂供应链的集成商"。这个定义描述了那个时期第四方物流发展的特征。自 1996 年概念的提出至今已经有 20 多年，全球物流发展的政治、经济、社会和技术环境已经发生了重大变化，第四方物流在物流产业自身发展推动和物流服务需求牵引下不断发展，服务功能、服务形式都不断丰富。从第四方物流服务功能和形式上，大致可以分为三个发展阶段：

第一阶段是 20 世纪 90 年代末至 2007 年。在这个时期，第四方物流服务处于发展初期，领先物流服务商和大型咨询服务公司是第四方物流服务的主要提供者，服务功能以供应链管理、物流规划、设计为主。在这一阶段，随着经济全球化的快速发展，跨境公司制造外包，服务外包推动全球生产网络国际化水平快速提升，供应链长度和复杂度大幅提升，需要更高水平的供应链管理服务和物流规划设计服务。服务需求催生第四方物流发展。以德迅、罗宾逊物流等为代表的领先物流服务商开始基于自身物流资源、技术能力，整合行业第三方物流服务商，为大型企业客户提供供应链管理服务；以埃森哲、德勤为代表的大型咨询服务公司则利用自身物流专业知识、行业洞察能力和战略管理能力为大型企业客户提供物流规划、设计等咨询服务。

专栏 2-2　德迅（Kuehne+Nagel）第四方物流

德迅（Kuehne+Nagel）是全球最大的货运代理公司之一，世界上最大的无船经营的公共承运人。

> 1890 年，August Kuehne 和 Friedrich Nagel 在德国不莱梅成立了一家货运代理公司——德迅集团。经过 130 余年的历练，德迅已从一家传统的海运货代演化成为全球主要行业提供专业定制化解决方案的全球物流合作伙伴。
>
> 德迅是较早开始提供供应链整合服务的领先物流服务商，到 2022 年，已经有 20 多年在各行各业提供全球性第四方物流服务的经验，帮助客户增加价值和降低风险，实现供应链的协调运作。在信息技术和物流资源支持下，德迅已建立了一整套的第四方物流服务产品，包括 KNeControl、KNproControl、KNfullControl 三个服务等级，可通过定制化、数据化和可视化服务为客户提供供应链管理服务。
>
> 资料来源：德迅官方网站和百度百科。

第二阶段是 2008~2015 年。在这一时期，第四方物流在供应链管理服务上进一步深化，从传统的物流环节向生产和销售环节扩展，形成与服务客户经营业务的深度融合，在服务对象上，中小企业成为第四方物流的重要服务对象。2008 年金融危机爆发后，发达国家品牌商、零售商通过制造外包、采购外包和电子商务来优化供应链，降低生产成本、采购成本和渠道成本的动力更加强劲，如从 2010 年开始，沃尔玛就开始把中国区采购外包给香港利丰。香港利丰作为一家传统贸易商成功向具有供应链管理功能的现代跨国贸易集团转变，成为欧美零售商的重要供应链管理伙伴，为其提供从产品设计、制造到渠道分销的供应链全过程。相比于领先物流服务商提供的供应链管理服务，这一时期供应链管理服务贯穿了产品从研发设计到消费端的供应链全部环节，将商品的设计、生产、配送和销售等活动有效地连接了起来，根据所掌握的市场信息，更好地协调商品的设计和生产，为客户创造了更大的商品增值。

> **专栏 2-3 香港利丰供应链管理**
>
> 创建于 1906 年的香港利丰有限公司是中国香港地区具有悠久历史的出口贸易商号，同时也是全世界规模最大的出口商之一，其业务

分布于世界很多国家和地区。从 20 世纪 90 年代开始，利丰逐步从一家传统贸易商成功转型为以现代供应链管理为核心的现代跨国贸易集团。利丰公司现在经营着世界上最广泛的全球供应链网络之一。拥有约 15000 名员工，分布在 40 个不同市场的 230 多个办事处和配送中心，利用广泛的全球影响力、丰富的经验、市场知识和技术，帮助品牌和零售商快速响应不断变化的消费和生产趋势。

　　多年的企业实际运作经验，使利丰集团对供应链管理有深刻而独到的理解。利丰以客户的需求为中心，为客户提供有效的产品供应，达到"为全世界消费者提供合适、合时、合价的产品"的目标。利丰亦利用供应链管理有效地节约了成本。通过共享设备、减低库存等手段，减少占用企业的资产，做到以更少的资源，做更多的生意，带来可观的回报。

　　资料来源：香港利丰公司官网和百度百科。

　　在同一时期，随着全球电子商务交易的快速发展，推动电子商务平台在全球物流服务中发挥着越来越重要的作用。2007 年，亚马逊向第三方卖家开放物流服务，推出了亚马逊 FBA 服务，并吸引全球物流服务商加入亚马逊物流生态系统。经过多年发展，亚马逊物流已经成为亚马逊平台及全球电子商务卖家的重要物流服务提供商，成为全球电子商务物流的典型商业模式。电子商务物流服务可以把订单数据与供应链管理进行协同，更好地实现生产的柔性，库存的平衡和订单的高效履约，更为重要的是电子商务物流服务大大降低了全球中小企业应用高效供应链管理服务的门槛和成本，推动了全球中小企业参与全球化发展。

　　第三阶段是 2016 年至今。在这一时期，以云计算、人工智能、大数据、物联网、区块链、移动互联网等为代表的新一代信息技术快速发展应用，全球物流服务呈现数字化、智能化、平台化发展趋势。第四方物流服务商由于相对于传统物流服务商具有更强的技术能力，在推动行业数字化、智能化和平台化发展上起到了重要推动作用，如全球领先的罗宾逊物流在 2012 年引入 Navisphere 建立全球物流平台后，在 2016 年发布了移动应用平台 Navisphere® Carrier，利用数字技术支持罗宾逊物流的合同汽车承运人及其业务的线上履约和管理。数字化物流平台可以利用大数据、物联网等新一代信息技术更好地服务物流服务提供商，一方面可以建立线上物流服务市场，帮助物流服务提供商与需求方更好地进行供需匹配，优化物流资源；另一方面可以按照客户需求为物流服务提供商提供最优物流方案和路线，降低物流服务商的履约成本，提高履约效率。

自 2020 年新冠病毒感染暴发以后，建立具有韧性的供应链网络成为供应链管理的重要目标。新冠疫情、苏伊士运河拥塞、贝鲁特港口爆炸、悉尼港罢工、英国脱欧、贸易法规和制裁、油价冲击——越来越多的不确定事件冲击着供应链的稳定性，对全球化生产和消费网络造成了深远冲击，给跨国企业经营带来巨大风险。麦肯锡（McKinsey）在关于供应链中断的报告中指出，由于供应链受冲击，企业每十年就可能损失掉相当于 42% 的年利润（息税折旧摊销前）。建立具有韧性的供应链能够帮助企业将库存维持在合理水平，同时能够按时、按量完成订单，可以更好地应对供应链终端风险。利用第四方物流的数据资源和技术能力建立可视化的数字化供应链，可以帮助企业更好地了解供应链动态情况，快速地进行供应链管理决策。

总之，面对不确定性增强的复杂全球供应链网络，面对更加个性化、碎片化的全球消费需求和更具时效性的本地化配送需求，全球物流服务需要更多数字化、平台化、智能化的第四方物流服务来紧密连接生产和消费，提供方案和优化路线，提升效率和降低成本。

第三节　建设第四方物流中心城市的国际视角

一、第四方物流成为全球物流中心城市发展的重要服务

全球物流枢纽是全球物流网络的关键节点，是全球物流的核心基础设施，具有辐射区域广、集聚效应强、服务功能优、运行效率高的特点，而全球物流中心城市则是拥有全球性物流枢纽资源，集聚全球物流市场主体，在全球贸易和物流发展中具有关键影响力的城市。

　　全球物流枢纽城市是随着全球物流网络发展而不断成长、变化的。随着航海技术的发展，海运所具有的低成本和规模优势使其在全球贸易和物流中占据越来越重要的作用，即使在航空物流高度发展后，也无法撼动海运在全球物流中的地位。至 2021 年，海运占全球贸易运输总量的 90% 以上。海运的重要性决定了港口在全球生产网络、贸易网络和物流网络中不可或缺的地位。因此从城市发展历史来看，拥有地缘优势的优质港口资源是港口城市成长为全球物流中心城市的基础条件和必要条件，如北美的洛杉矶（洛杉矶港），亚洲的新加坡（新加坡港）、釜山（釜山港）、迪拜（迪拜港），欧洲的鹿特丹（鹿特丹港）、汉堡（汉堡港）等。

　　全球不同物流中心城市，在不同国家资源禀赋、经济发展水平、产业结构和城市规划治理等多重因素影响下，呈现不同的发展路径。既有依托港口先天优势带动城市临港工业发展，形成具有全球或者区域影响力的产业集群，形成产业和港口融合发展态势的全球物流中心城市，如洛杉矶、釜山、鹿特丹等，也有依托港口地理优势，发展港口中转贸易功能，形成重要区域辐射能力的全球物流中心城市，如新加坡、迪拜等。无论是走产业路线还是走贸易路线，利用物流资源优势在全球生产网络和贸易网络中占据核心地位是过去全球物流中心城市保持核心竞争力的关键。

　　随着全球生产分工的结构调整以及电子商务对传统商业的巨大冲击，依托传统物流资源优势和发展路径的中心城市地位正在不断被削弱。在数字时代背景下，信息要素正在成为物流枢纽城市重塑竞争力的关键要素，而基于数字技术的第四方物流正在推动全球供应链数字化、物流市场平台化、物流网络智能化发展，引领全球物流发展，在物流价值链中占据主导地位，成为全球物流中心城市重点发展的物流服务模式。鹿特丹、新加坡等领先的全球物流中心城市都在加快自身物流数字化平台和港口智能系统建设，构建基于数据和信息技术的新型港口物流基础设施，以适应第四方物流发展需要和贸易数字化发展需要。

专栏 2-4　新加坡数字化贸易平台发展：从 Tradenet 到 Networked Trade Platform

新加坡非常重视数字化贸易平台建设，早在 1989 年，新加坡就设立了一站式贸易申报平台（TradeNet），成为全球首个在全国范围内推行统一贸易清关系统的国家。TradeNet 允许所有相关公共及私营部门通过电子传递方式交换贸易信息，简化文件处理流程以达到提高工作效率及降低成本的目的。高效的信息管理系统缩减货物通关、文件和许可证申办时间，将原本 2~7 天的申办时间缩减至 1 分钟内。

进入 21 世纪，为了将单一窗口进一步建设成贸易物流综合平台，扩展商贸服务功能，对流程进一步优化，结合世界海关组织数据模型，由新加坡海关牵头联合经发局和通信发展局共同发起商贸通（TradeXchange）计划，交由劲升逻辑有限公司独立开放和运营。2007 年 10 月 TradeXchange 上线，以 TradeNet4.0 为核心组件，实现了海港互联网、海事服务网等多个重要系统的无缝衔接，形成升级版的全新单一窗口平台。可提供企业与政府 TradeNet 贸易网的申报通关服务、企业与企业如商业单证（发票、装箱单、订单等）的交换等新服务。

为了帮助企业数字化和简化贸易流程，提高生产力和竞争力，加强新加坡贸易中心的地位，新加坡在 2016 年立项开发新一代数字化贸易平台——全国贸易信息平台（National Trade Platform），并在 2018 年上线后更名为互联贸易平台（Networked Trade Platform，NTP）取代原有的 Tradenet 平台和 TradeXchange 平台。NTP 将显著改善公司工作和相互交流的方式。这将使它们能够接触到更广泛的业务，包括本地和全球业务，从进口商、出口商、物流服务提供商到金融机构。NTP 可以通过与商业伙伴和政府进行数字交换和重复使用数据，帮助企业提高生产力。企业可以简化其工作流程，降低手动交易文件交换的效率，并利用数据分析的潜力从其交易数据中获取见解。

资料来源：新加坡互联贸易平台官方网站。

二、建设第四方物流中心城市的全球价值

(一) 抢占全球物流服务发展高地

随着我国物流基础设施的完善，对外贸易的稳定增长和电子商务的迅猛发展，我国物流业无论是国际物流还是国内物流都保持着快速发展，但总体来看，国内物流发展更快，国际物流的市场地位低，国际竞争力仍有待提高，物流服务贸易长期处于逆差状态。第四方物流的发展，为我国推动我国物流转型升级，实现高质量发展，抢占全球物流服务发展高地提供了机遇。尽管第四方物流概念的提出和实践已经有 20 多年时间，但第四方物流的服务功能、服务形式、服务对象随着技术变革和市场需求变化在发生深刻变化，特别是在新一代信息技术在物流业迅速发展应用后，数字化、平台化、智能化的物流发展为我国物流发展抢占全球物流服务发展高地提供了机遇。建设第四方物流中心城市可以为第四方物流发展提供更加有利的产业发展环境和政策，以及更丰富的人才储备，更好、更快地形成我国第四方物流进入国际市场，形成国际竞争力。

(二) 提升产业国际竞争力

物流绩效对于一个国家产业的国际竞争力有着显著影响。从世界银行发布的物流绩效指数来看，中国尽管在发展中国家处于领先水平，而且物流基础设施和国际物流能力有了显著提升，但是多年来一直徘徊在 26~30 名。其主要原因就在于物流的软件建设和服务质量相对落后。第四方物流的发展可以更好地满足我国企业国际化供应链物流发展需要，更好地满足以国内大循环为主体、构建国内国际双循环互促的需要，更好地满足双循环新格局下的物流市场建设的需要，为提高物流发展绩效，推动我国产业"走出去"，构筑国际竞争力提供强力支撑。

(三) 提升国际贸易竞争力

物流服务是服务贸易的重要组成部分，也是贸易国际竞争力的重要内容。中国经过改革开放 40 多年的发展，已经成为世界第一贸易大国。但是我国距离贸易强国还有较大距离，一方面是因为我国货物贸易的质量仍需进一步提升，结构需要进一步优化；另一方面就是我国服务贸易依然处于逆差状态，特别是国际运输服务市场长期被发达国家主导。因

此，发展第四方物流对于提高国际贸易竞争力具有重要意义。

（四）提升全球价值链话语权

在改革开放逐步深入推进的 40 多年里，中国抓住了全球化机遇，在全球生产分工体系中占据了重要地位，成为世界工厂，但在全球价值链体系中依然缺乏话语权。尽管新兴经济体在全球生产、消费中占据了越来越重要的地位，但发达国家跨国企业在全球生产、流通体系中依然占据重要主导地位。在物流环节，随着物流与生产、消费越来越紧密的联系，供应链管理、物流市场平台等第四方物流服务成为物流价值链的主导者，也在一定程度上影响全球生产和消费网络的话语权。

第三章

国内视角：我国第四方物流发展分析

第一节　第四方物流在我国的初步实践

一、我国第四方物流理论的发展研究

随着我国经济增长和人民生活消费水平的日渐提升，物流在满足人们对美好生活的向往中不断优化升级，低成本、高效、绿色已成为现阶段物流行业发展的主旋律，我国物流业正在从纯粹的货物运输转向供应链优化，由传统运输体系转向融合信息化、平台化的综合服务体系，在科技和管理能力的支撑下，第四方物流应运而生。广义的第四方物流是指除第三方物流外参与到物流过程中的其他物流服务单位。狭义的第四方物流则主要指基于既有第三方物流而进化的一种新型物流组织形式。

国内对第四方物流定义的引入可追溯到国际著名的管理咨询机构埃森哲（Accenture），该公司 1998 年提出：第四方物流供应商是一个供应链的集成商，它对公司内部和具有互补性的服务供应商所拥有的资源、能力和技术进行整合和管理，提供一整套供应链解决方案①。

第四方物流理论研究依托于第三方物流基础。当前，我国物流业以传统的第一方、第二方、第三方物流为主，发展成熟，服务水平逐渐提

① 温平川，牟莹萍．第四方物流发展的影响因素体系构建及应用［J］．物流科技，2018（5）.

高，物流成本明显下降。在我国第三方物流发展遇到瓶颈后，第四方物流则从物流全要素角度出发，结合现代化技术手段和引入先进的管理理念，整体优化了物流端到端的全服务流程①。但是，我国对第四方物流的理论研究较为有限，一方面国内学者们多聚焦于通过模型分析以实现物流路径的优化，另一方面将第四方物流概念包含于供应链管理过程的研究中。国外对第四方物流的研究则比较全面，除路径优化外，也涵盖供应商评价、契约设计、风险管理、平台设计等方面②。

第四方物流是基于现代信息技术的物流和互联网应用的融合，在信息技术和互联网应用平台的加持下，第四方物流的融入使物流业呈现出网络化、智能化、综合化的特征。在经济全球化、需求个性化和应对疫情冲击等自然灾害背景下，第四方物流提升了物流效率，加速了全球化进程，满足了顾客个性化和高性价比服务的需求，提升了统筹管理、快速响应等应对外部风险的能力③。

概言之，第四方物流重点在于以技术创新、专门提供物流咨询服务，是现代物流发展的重要抓手，是物流系统的供应链集成商和个性化定制解决方案提供商。

第四方物流依赖专业人才和信息资源共享，管理咨询人才对物流行业进行整体规划和市场战略制定，通过创新整合将物流服务优化成为低成本、高效、绿色可循环的新事物。充分的信息和信息分析处理能力则为整个供应链系统提供相对完整、合理、具有宏观指导意义的解决方案。人才储备和信息资源共享将对第四方物流建设具有明显的促进作用④。

二、我国第四方物流的实践

在我国，第四方物流是智能化物流加供应链的全新表现形式。它是企业在竞争日益激烈的环境中，不断提升管理理念和应用先进技术产品的体现。从第四方物流实践过程看，我国第四方物流呈现两个发展趋

① 高琪．打造区域物流城市——金华市第四方物流发展与对策研究［J］．电子商务杂志，2019（6）.

② 徐宗露．第四方物流多目标路径优化研究［D］．江南大学硕士学位论文，2021.

③ 牟莹萍．第四方物流发展的障碍因素及解决路径研究［D］．重庆邮电大学硕士学位论文，2018.

④ 段明英，左韵杨．第四方物流现状研究［J］．河北企业，2018（6）.

势：一是为降本增效进行的物流链路优化；二是为提升供应链管理能力和服务水平进行信息技术与供应链的融合。

（一）第四方物流的演化模式

目前，我国第四方物流企业的来源主要有四种：第三方物流企业直接转化、行政性物流信息平台、行业物流信息平台、物流枢纽信息平台。这四种来源的演化路径中，包含着物流基础设施、供应链专业人才、综合物流服务和大数据获取分析能力等要素[1][2]。在第三方物流发展中，演化出了非基于资产类型的物流服务提供商，这类服务提供商通常负责管理运输网络中的不同细分市场，已逐步兼具了第四方物流的性质，具有较高的物流服务质量，基本满足当下物流客户的需求[3]。

我国第四方物流发展的动力源自多端需求、成本压力和环保压力。多端需求体现在货源端的便捷化、运输终端客户的多样化和政府监管全面化的需求。随着电子商务规模不断扩大，物流量大大增加，特别是在物流订单集中爆发时物流两端的客户和物流承载单位都对物流仓储、运输、信息获取等环节和物流整体效率提出了强烈需求，这也成为物流企业获得市场竞争优势的布局方向；与此同时，政府为保障物流安全、统筹物流基础设施建设也对物流全过程监管提出要求。成本压力主要表现在我国现代物流体系日益完善的趋势下，我国头部企业的物流成本相较于国外头部物流企业而言仍有较大降本空间。在传统第三方物流通过供应链优化也无法进一步实现大幅度降低成本时，第四方物流从全产业链视角挖掘出降低成本的路径，指出探索降低成本的新空间。物流企业环保压力来自全球气候变化及市场竞争变化对企业提出的绿色叫循坏发展要求，绿色环保成为物流企业参与全球市场，贯彻我国新发展理念，践行企业社会责任的重要选择；第四方物流从全生命周期角度，为物流产业的发展提供了绿色环保的有效解决方案。

（二）第四方物流实践案例

在近几年的第四方物流实践中，我国有多个区域在政府的支持下积

---

①　段明英，左韵杨．第四方物流现状研究［J］．河北企业，2018（6）．

②　仓储基地．第四方物流公司有哪些？第四方物流公司发展模式详解［EB/OL］．［2022-09-20］．https：//mp.weixin.qq.com/s/L9w2zJRVA3IJPF35ZW27EQ.

③　供应链管理协会等．供应链与物流管理：运输网络规划、方式选择与成本控制［M］．北京：人民邮电出版社，2020.

极开展了第四方物流建设，通过利用第三方物流基础设施，加大对物流上下游产业的整合，构建第四方物流平台，积累了一定的实践经验。随后，具有现代物流特点的菜鸟和京东物流依托既有物流和电子商务基础，在科技支撑下加大作为第四方物流的全球发展，已成为引领我国第四方物流发展的典型。

1. 宁波第四方物流平台

2008 年，宁波市政府、宁波交通投资集团、宁波海关、宁波国检、宁波港集团、中国电子口岸数据中心宁波分中心等单位共同出资组建了宁波国际物流发展股份有限公司，在该公司设立了宁波电子口岸和第四方物流市场两大平台，设计了第四方物流体系，成为宁波对第四方物流探索与研究的里程碑。第四方物流平台具备了信息发布、交易匹配、合同签订、支付结算、信用评价和整体物流解决方案六大功能。

在构建第四方物流平台之前，宁波早在 2006 年就已开展综合运输信息系统建设的调研，并对其可行性进行研究论证和初步规划设计，并在 2007 年进一步开展了第四方物流运输市场综合制度创新研究。在 2009 年，完善了第四方物流市场的核心功能，实现平台对外数据交换，深化行政服务功能，全面实现市场大发展、业务大合作、服务大提升的目标。2010 年以后，该市场平台已成为立足宁波，依托浙江，服务长三角，辐射全国及海外的综合物流服务交易平台[①]。

在平台建设中，宁波先后出台《宁波市人民政府培育第四方物流市场试行办法》《关于培育第四方物流市场的扶持政策》《宁波市第四方物流平台信息标准建设管理办法（试行）》《宁波市公共部门服务和监管第四方物流市场暂行办法》《宁波市促进第四方物流市场发展的信用信息管理暂行办法》《宁波市第四方物流市场网上结算试行办法》《宁波市第四方物流市场注册企业管理暂行办法（试行）》七项政策，囊括市场培育、政策扶持、信息标准、服务监管、信用管理、网上结算和企业注册等内容，形成了宁波建设第四方物流市场的完整政策体系，确保了宁波第四方物流的稳定有序发展。

---

① 第四方物流市场 ［EB/OL］.［2022-09-02］. https：//baike. baidu. com/item/%E5%9B%9B%E6%96%B9%E7%89%A9%E6%B5%81%E5%B8%82%E5%9C%BA？fromModule＝lemma_ search-box.

2. 菜鸟

2013 年，菜鸟由阿里集团、银泰集团、复兴集团、富春集团、顺丰集团和"三通一达"共同出资组建，具有物流、物流地产、电子商务、前沿科技共同基因。目前，菜鸟将自身定位为一家客户价值驱动的全球化产业互联网公司，并从极致的消费者物流体验、高效的供应链智慧服务、技术创新驱动的社会化协同平台的企业愿景出发，积极构建菜鸟第四方物流服务平台。在大数据、云计算、物联网等新技术耦合下，菜鸟成为透明、开放、共享的数据应用平台，并将电商、第三方物流、供应链服务商、信息服务商、物流需求方以及仓储企业联系起来，实现信息与资源的共享，搭建营销、运输及配送的完整供应链。

菜鸟的诞生，源自阿里集团对电子商务高速发展下电商物流全新服务模式的探索。淘宝曾于 2010 年和 2011 年先后提出"淘宝大物流计划"和"物流宝"平台，以解决传统物流在电商快速发展中存在的服务不匹配的难题，淘宝在物流领域的不断探索，奠定了菜鸟作为第四方物流出现的基础①。此后，菜鸟通过对物流上下游产业进行投资布局，在消费者物流、商家物流、行业服务和 IP 资产四大核心领域形成了 11 个子品牌，包含了面向农村市场、国际市场、物流科技和绿色发展的服务方向，是服务于国家乡村振兴、构建国内国外双循环市场、科技创新和绿色可持续发展战略的重要布局。

菜鸟从企业的角度首先构建了我国具有代表性的第四方物流平台。在菜鸟建设发展初期，菜鸟通过数据信息构建了服务物流各相关方的"天网"，综合各类物流基础设置了联通仓储、配送和驿站的"地网"，面向客户和快递员搭建了"人网"；并完善快递、仓配、末端、国际和农村的全链条，全面开放数据和全局优化行业。在建设中期，完成数字化升级，利用 IoT 和智能分单等数字化技术，推动行业数智化转型，提升行业效率；提高新零售的智慧供应链能力和菜鸟网络全球化供应能力，实现了"全国 24 小时，全球 72 小时必达"的目标。现在，菜鸟基本完成了资源整合，正在基于第四方物流的核心能力，针对社区服

---

① 苏宝亮、王西典，肖欣晨．菜鸟网络专题研究报告［R］．招商证券：证券研究报告，2021.

务、智慧供应链和全球物流开展新的布局。

3. 京东物流

京东物流采取的供应链一体化策略，已具备第四方物流定义所涵盖的功能。京东于 2007 年开始自建物流，并在 2017 年成立京东物流集团，并将物流服务由京东自营业务扩展至全社会。京东物流随之服务于快消、3C 和生鲜等六大行业，但依托电子商务的巨大流量和技术实力，京东物流也扮演着第四方物流的角色，为客户提供一体化供应链解决方案和物流服务，帮助客户优化存货管理、减少运营成本、高效分配内部资源。京东物流供应链物流技术围绕软件、硬件及系统集成，形成了覆盖园区、仓储、分拣、运输、配送等供应链各关键环节的技术产品及解决方案。例如，京东物流以仓配一体化为核心，实现集货、分货、仓储、包装、配送等一站式高效物流服务，为制造业赋能。在云计算支撑下，京东物流通过数据模型进行仓库选址、商品布局、预测补货、仓间调拨，提升货物周转效率①。

目前，京东物流对外提供物流服务、硬件产品、软件产品和解决方案。解决方案包括行业、软硬件集成和创新业务。京东云仓是京东物流解决方案创新业务的重要部分，也是具有第四方物流性质的平台，京东云仓具有整合京东物流资源，提供积极对外合作，为商家和物流企业提供合作入口，提出整合共享资源、输出技术和标准、品牌赋能三大合作能力，意在整合仓配资源，提升服务效率和质量。通过向第三方仓库及商家输出京东物流高标准的系统产品、技术能力、运营标准、品牌及商流引入等，与合作伙伴联手共同建设物流和商流相融合的云物流基础设施平台。京东云仓分为场景层、平台层、产品层和能力层，其中，京东物流专业仓储 SaaS 系统作为京东对外输出的物流标准，能够覆盖多个行业，支持多个平台，实现多端口统一管理；京东物流加云仓系统，为商流赋能，提升商家店铺搜索流量。

4. 其他第四方物流

我国还有多个地区探索过第四方物流的建设，取得了一定的建设经

① 兴业证券. 内外兼修的一体化供应链物流龙头 [R]. 海外研究：公司深度研究报告，2022.

验。例如，南京王家湾物流信息网络系统有机组合了供应商、中间制造商和物流服务商，并通过与相关政府部门及其他物流服务商的连接，为企业提供快捷通畅的信息服务。王家湾物流中心以道路货物运输为切入点开展服务，通过物流信息平台对物流信息的收集、处理、发布及交易，以及在此过程中各物流信息反馈，为客户提供货物采购、运输、仓储、加工、装卸配送及信息服务，将国内物流、国际物流与电子商务连接起来。

此外，天津港综合物流信息服务系统通过优化和整合港口、船公司、船代、检验检疫局、海关、海事局等用户的信息资源，建立"一站式"对外信息服务窗口。广州经贸委支持建设的商务领航泛珠三角物流信息平台启用，广州已有300多家大中型物流企业加盟该平台，物流企业可实施跨区域的即时管理。苏州物流中心在园区内建立信息平台，让进驻的企业共享信息。浙江传化物流基地以园区复制的模式，把成功的园区模式复制到其他区域，并开展联网经营。这些物流枢纽信息平台通过不断整合各种物流和供应链资源逐步向第四方物流演化①。海丰集团于2006年10月开始积极打造第四方物流平台，一年后在国内主要城市拥有16个分拨中心，服务国内248个城市，且业务和利润增长迅速。

（三）第四方物流企业的发展趋势

1. 科技赋能持续发展

第四方物流作为服务型平台，依赖于高效的信息获取、处理和分发能力，是随着互联网、移动通信技术不断发展起来的，对软硬件的要求日益提高。大数据、云计算以及 SaaS 服务等是支撑菜鸟和京东物流等大企业布局第四方物流的核心技术，在区域物流基础设施建设中，信息服务平台也是不可或缺的关键设施。除了管理方面不断优化外，新科技的不断应用是推动第四方物流持续发展的动力。

2. 新市场带动增长

科技助农、绿色惠农以及积极参与国内国际双循环构建和我国现代

---

① 仓储基地. 第四方物流公司有哪些？第四方物流公司发展模式详解 ［EB/OL］．［2022- 09-20］. https://mp.weixin.qq.com/s/L9w2zJRVA3IJPF35ZW27EQ.

物流体系构建是我国第四方物流发展要遵循和思考的重要方向。农村市场和境外市场正在随着互联网的普及、跨境电商的增加而呈现不断增长的趋势，但是农村市场面临着物流分散、配送距离远、单一村落网购需求不足等问题，这对传统城市物流服务模式提出了挑战；境外市场则存在进出口报关、远距离跨境运输等带来的时效问题。第四方物流则通过全产业链和供应链视角，优化仓配布局，统筹调度管理物流资源，最大程度降低了服务农村市场和海外市场的成本，提升了整体服务效率。

3. 物流全产业链布局

第四方物流服务提供商不可能独立存在，必然要依赖于两端客户或第三方物流的一方或多方，否则在面临第三方物流不断向第四方物流转变的挑战中难以长久立足。另外，从菜鸟和京东物流发展模式也可看出，第四方物流需要对上游的海量数据有强大的获取、运算和共享能力，并能充分地调动其他物流资源，随着第四方物流企业不断优化供应链，物流全产业链布局或供应链一体化发展模式成为企业加强物流控制和管理的重要方案。第四方物流如果仅作为物流信息服务平台，以数据服务赋能合作伙伴，其盈利模式较为有限，从合作伙伴节约的成本或获得的溢价中实现收益的方式很难长久协调各方资源。

第二节　我国第四方物流发展特点及局限性

一、我国第四方物流发展特点

（一）大企业主导

菜鸟和京东物流是我国现阶段第四方物流发展的代表企业，从二者在第四方物流中的发展模式可以看到它们的共同点，这也反映了我国第四方物流发展面临的实际情况。菜鸟和京东物流分别服务于淘宝和京东商城，两大公司能够通过充足的物流订单量获得丰富的物流数据，同时两大公司均依托自身发达的互联网、云计算等信息化和数字化手段，服务于下游的物流运输。京东和菜鸟都是通过对供应链的整合，具备了第四方物流的全部要素，并积累了大量的实际运行经验，它们在数据获取、分析及算法等方面都已经形成较高的进入门槛。与此同时，两家企业分别掌控着我国的主要第三方物流服务提供商资源，顺丰和"三通一达"是菜鸟的合作伙伴，京东物流则通过收购德邦物流进一步优化仓配布局。这样就形成了其他企业参与全国第四方物流的市场竞争中，很难挑战菜鸟和京东物流的地位。随着菜鸟和京东物流科技实力和第三方物流基础设施的重资本投入，它们的物流产业规模不断扩大，集聚了资本、市场和大批物流人才，其他企业很难在技术、资本方面实现超越。这也让国内物流行业发展出现了比较明显的"马太效应"。

如果地方政府或企业推动的第四方物流平台不具备物流两端客户或者第三方物流的资源，仅能够服务区域物流发展，就很难向全国进行拓展。在基于网络平台市场的互联网大企业"跑马圈地"之后，留给地方政府或区域物流企业建设第四方物流的选择只有扎根地区发展或参与到已有物流大企业构建的第四方物流版图；否则，只能作为提供给社会的公共品。虽然各地政府都鼓励地方企业建设第四方物流，但多为建设当地物流基础设施以便对外物流服务更加便利化。事实上，由于局部地区的物流信息量较少，物流路线及交货方式较为简单、客户也较为固定的物流场景，很难满足海量数据、众多需求、多重环境因素影响下的第四方物流平台场景的需要。

（二）探索新的运营模式

从第四方物流运营模式的分类来看，我国第四方物流的运营模式目前可分为协同运作模式、方案集成运作模式、行业创新模式。协同运作模式不仅能够提供最优的供应链解决方案而且具有较强的针对性和灵活性，但是其要求第三方物流企业拥有雄厚的物流配送能力。方案集成运作模式在提供供应链解决方案时只为单一客户服务，服务对象明确，与客户的关系也较为稳定，但是为了保证组织内的成员能够获取满意的收益，其对客户的业务量要求较高，比如物流网络和信息平台设计、物流路径优化、契约设计、利益分配机制。方案集成运作模式在提供供应链解决方案时只为单一客户服务，服务对象明确，与客户的关系也较为稳定，但是为了保证组织内的成员能够获取满意的收益，其对客户的业务量要求较高。行业创新模式对物流信息技术依赖性较高，需要高端物流人才的支撑，且该模式有利于形成物流产业集群效应，更加符合国际化和创新性原则的要求①。

从第四方物流承载企业赋能能力或水平来看，仅能满足第四方物流运转需求的模式只是将物流各方资源进行了紧密的整合，提升了物流系统效率，降低了系统成本，为平台承载企业找到可持续发展的商业机会不多。所以菜鸟、京东物流等典型企业和一些不断转型的第三方物流企业都在积极利用信息技术优化仓配布局，提升服务质量和效率，并积极加快物流上下游业务拓展和资源开发，以提升为承载企业赋能的能力。

（三）进入门槛不断增高

第四方物流建设面临着较高的进入门槛。新构建平台或进入企业主题必须在某一个或多个领域已经具备很强的核心能力，并且具备通过战略合作伙伴关系进入其他领域的能力。对于进入第四方物流市场的企业主体而言，需要考虑的自身能力主要有六个方面：一是世界水平的供应链策略制定、业务流程再造、技术集成和人力资源管理能力。二是在集成供应链技术和外包能力方面处于领先地位。三是在业务流程管理和外包服务实施方面有一大批富有经验的供应链管理专业人才。四是能够同时管理多个供应商、具有良好的关系管理和组织能力。五是对全球化的地域覆盖能力和支持能力。六是对组织变革问题的深刻理解和管理能力②。

从菜鸟和京东物流发展过程可以看到，在我国物流基础设施完善的条件下，企业自身的信息获取、技术研发、资本投入能力是其成为第四方物流服务提供商的重要基础，这些资源是企业诞生之初就具备的条件。新进入的第四方物流服务提供商难以全部获取信息、技术和资本的要素。对于政府推动的第四方物流平台而言，可通过政策引导等行政手段推动物流各方参与到平台中，这也意味着同一地区很难有第二个类似的第四方物流平台成立或者将服务接入。

二、我国第四方物流发展的局限性

我国在第四方物流的建设和发展的主要阻碍是认识不足、基础设施

① 李申申. 河南省第四方物流运作模式探究——以郑州航空港为例 [J]. 现代经济信息，2017（22）.

② 第四方物流的市场前景与竞争状况 [EB/OL]. [2022-08-20]. https：//wenku. baidu. com/view/72fbbe1980c4bb4cf7ec4afe04a1b0717fd5b3d1. html.

不完善和人才缺乏问题。

（一）对第四方物流认识不足

行业内认识不充分。传统物流企业只考虑了当前既有物流条件下的利益，没有做长久的规划，没有通盘考虑的思维。在效率和利益的冲突权衡中，对于企业而言当下利益胜于效率。再加上政府对第四方物流认识不到位以致政策标准不够完善，政策在引导和服务第四方物流建设方面缺少相关的标准，导致物流企业在进入市场时，没有可以参照的建设标准和未来发展的政策依据，仍旧依托于既有经验和基础，造成积极性不够、客观动力不足的问题。与此同时，物流信息的孤岛性、盈利模式不清晰，也是导致物流服务提供商缺少参与第四方物流建设动力的重要原因。

实际市场需求不足。纯粹的第四方物流平台缺乏客户的认可和信任[①]，第四方物流在制订供应链解决方案时不会着眼于某个别企业的利益，而是从大局出发，整体的既得利益能够弥补某个别公司的损失；但也存在一定的协调难题，如果不能对供应链上整体利益进行合理分配，那么该第四方物流体系势必会瓦解，第四方物流整体发展将举步维艰。因此，第四方物流的参与各方须认清此前提，协调做好供应链利益的合理分配。在实际运作中，菜鸟和京东物流已基本覆盖我国全域的广大市场，并积极融入地方物流产业发展，通过加盟、合作等形式带动了区域物流各方融入两大公司的第四方物流体系中，从物流服务层面弱化了区域物流运转中存在的问题。

（二）基础设施不足

第四方物流对整个供应链各方资源的整合，是第三方物流服务内涵的拓展，对传统物流的基础设施具有依赖性。虽然我国第三方物流在近几年得到了飞速发展，不断完善中的基础设施也促进了第四方物流发展；但既有物流基础设施仍是基于传统物流理念建设，距离我国建设现代物流体系目标仍有差距，特别是对新基建的推动速度，决定了我国第四方物流覆盖范围的大小，对第四方物流的发展产生了制约效应。

---

① 温平川，牟莹萍．第四方物流发展的影响因素体系构建及应用［J］．物流科技，2018（5）．

缺少物流信息共享平台为新进入者设置了门槛。信息化是物流的精髓，在全国范围内，构建服务于物流的公共信息平台，是推动第四方物流行业崛起的另一基础条件。从我国快速发展的菜鸟和京东物流可以看到，基于网络信息技术的平台是其扮演第四方物流角色，构建覆盖全国甚至全球物流体系的基础。通过信息平台，有效地整合了全国的物流资源。而对于缺少这类资源的企业来说，发展第四方物流将首先面临外部基础设施不足的难题①。

（三）专业人才不足

专业物流人才不足也限制了第四方物流的发展。第四方物流涉及专业较多，具有学科交叉的特点。这类复合型人才较为稀缺，无法快速形成支撑第四方物流发展的具有复合背景的人才队伍，且现有物流人才以服务传统物流和供应链企业为主，多集中于头部企业。由于第四方物流与供应链管理在概念上存在着很大程度的交叉，第三方物流在不断满足客户和成本需求下必然会逐步兼具第四方物流的角色。现阶段高校缺少第四方物流人才培养的理论及实操课程，社会人才更专注于细分专业领域，缺少向第四方物流复合型人才的转型发展，总体上造成了我国第四方物流发展人才支撑不足的情况。第四方物流发展过程中，相关的专业人才只能从供应链人才中挖掘，而传统供应链人才又集中于发达地区的头部企业，这为地方发展第四方物流设置了障碍。

第三节 国内外物流市场对第四方物流的需求分析

非基于资产类型的第三方物流服务提供商基本兼具了第四方物流的性质，具有较高的物流服务质量，能够满足当下物流客户的需求。而第四方物流作为一种物流管理服务，本身不会涉及或运营物流服务，它代表供应商管理着多个第三方物流服务提供商，是一种高度专业化和复杂的运输中介，不是许多企业（尤其是中小企业）立即需要的中介②。

国外第四方物流的发展，源自客户的需求拉动，以 UPS 和亚马逊

---

① 曲玫玉．第四方物流在我国的发展与应用［J］．中外企业家，2018（24）．

② 供应链管理协会等．供应链与物流管理：运输网络规划、方式选择与成本控制［M］．北京：人民邮电出版社，2020.

等为代表的企业，积极开展了满足客户需求的第四方物流实践探索①。国内第四方物流的发展则具有两方面因素：一是企业业务需要拉动的发展模式；二是部分地方政府为了便于监管和推动物流业有序发展而主导构建的第四方物流平台。

一、国外市场对第四方物流的需求

跨国供应链优化和国际物流高效管理对第四方物流需求较大。如德国汽车零配件企业 BOS 通过与 4PL 软件和供应链咨询公司 4flow 合作，授权 4flow 收集和分析所有相关的交通指标和结构，4flow 使用优化软件 4flow vista® 对整个供应链网络进行建模，确定了优化潜力，并实现了对所有欧洲供应商和海外运输的整合，为 BOS 优化了大约 80% 的供应商关系，降低了 20% 以上的运输成本。4flow 计划应用数字孪生技术为 BOS 供应链提供自动化交付流程和主动式运输管理的解决方案。又如，TrenTech Argus 4PL 为跨国企业优化海运集运、堆场流程和运输费用，通过整合船公司、卡车、码头、海关等数据，设计了可视化的解决方案，解决了 SABC 面临的进口原材料到达时间不透明、运输时间不可控、运输费用不可视的供应链痛点②。

大客户的差异化需求拉动了物流企业向第四方物流转型的需求。UPS 为了满足大客户苹果的配送需求，实现了第四方物流角色的转型，在既有第三方物流服务提供商的基础上，实现了物流体系的升级。亚马逊在满足电子商务终端客户对物流日益增长的个性化需求方案中，通过构建物流信息服务平台实现了对物流参与各方的整合，并提出服务于亚马逊电子商务的物流解决方案，成为典型的第四方物流服务提供商。

国外第四方物流的需求基本集中于大型企业对供应链管理效率提升和物流两端客户服务水平提升的方向。对于中小企业而言供应链体系并不复杂，参与国际贸易规模有限，无须引入第四方物流服务；对于区域物流企业而言，服务范围和服务客户都较为有限，向第四方物流服务提

---

① 王华. UPS 专业化物流服务的理念与实践分析——以 Apple（苹果电脑）新产品物流项目为例［D］. 复旦大学硕士学位论文，2011.

② 曾志宏. 4PL 第四方物流系统如何改变供应链？［EB/OL］.［2022-09-25］. https：//mp. weixin. qq. com/s/4kn_ bhLBVOlJ1ipOT7hdKg.

供商转变存在诸多困难。随着全球经济形势转好，国际物流必将快速增长，在疫情影响下，物流企业必然更看重通过技术手段实现整体运输效率和服务水平的提升，特别是疫情防控期间的典型案例，彰显了第四方物流的优势，所以国际市场对第四方物流的需求将逐步扩大。

二、国内市场对第四方物流的需求

对大企业而言，物流网络庞大的菜鸟和京东物流，解决电子商务带来的巨大物流需求，提升控股集团公司整体收益是其发展成为第四方物流的初衷，在发展过程中，充分发挥了控股集团公司的大数据、云计算、SaaS 等技术的优势。面对中国持续开放的市场和不断构建国内国际双循环市场格局，利用科技手段持续完善第四方物流服务能力将是布局未来物流发展的重要举措。为此，大企业对第四方物流建设的需求将伴随着"一带一路"、RCEP 和区域经济合作逐步加深而需求更为旺盛。

对国内市场而言，我国拥有全球最大的物流市场，道路、轨道、航空、航运等物流运输设施不断完善，大数据、云计算服务能力日渐提升，为第四方物流的发展奠定了较为优良的基础设施。但是，现阶段，我国第三方物流基础设施发展不均衡，现代物流体系和国家物流枢纽中心正在建设，支撑区域第四方物流平台建设的"大云物移智"等基础设施区域差距明显，第四方物流将在基础设施较好的地区得到优先发展。

对中小物流企业而言，我国传统的第三方物流服务提供商正在通过引进技术优化服务流程，提升服务质量，根据客户需求提供个性化服务。另外，不断吸收菜鸟和京东物流在物流领域的探索经验，增强在供应链领域的控制能力和细分领域的服务优势。近两年来，受疫情影响，全球经济形势下行，物流需求有很大幅度下滑。国内市场中，物流服务提供商呈现出菜鸟和京东物流两强为代表的全国市场布局的第四方物流和以细分领域第三方物流为代表的区域物流市场格局。对于中小物流服务商而言，物流网络较为单一，在管理上加大投入或适当引进信息服务中心就可大幅提升物流效率、节约整体物流成本，这类第三方物流服务提供商没有积极性加大投入去拓展成为第四方物流企业。

对政府而言，对于像承载运营宁波第四方物流平台这类的单位，第四方物流平台注重从政府的角度提升区域物流发展效率，为优化行政流程提供了参考，为政府的物流监管提供了便利条件。作为公共品，这类平台正在得到国内多地支持。

第四节　我国第四方物流发展策略

建设第四方物流，符合我国"双碳"战略、现代物流体系建设和构建全国统一大市场的格局。在推动第四方物流发展中，需进一步构建政府引导、企业实施的有效推动机制。

一、统筹规划，完善法规及标准

一是以全国统一大市场为服务对象。破除第四方物流跨区域服务障碍，提升物流服务效率；以建设现代物流体系为目标，借助相关企业成功经验，推动行业标准、地方标准及国家标准制定或修订，从源头保障快速高质量发展。关注零碳物流体系建设，从供应链角度推动物流体系节能减碳，清洁化绿色发展。

二是明确第四方物流在我国物流体系中的概念。完善不同性质类型的第四方物流服务提供商的监管层次，推动全国第四方物流平台间的接口标准化，实现跨平台物流信息共享，进一步提高公共信息的流通效率。

三是以示范带动第四方物流服务提供商的发展。充分借鉴国内外第四方物流发展经验，以信息技术型和管理咨询型大企业为先导，搭建区域第四方物流平台运营示范，加快完善政策体系、法律法规体系，孵化一批本地第四方物流企业。

四是加快培育物流市场体系。按照市场规律组织管理物流业，打破条块分割、行业垄断，优化物流资源配置以及促进资源进入市场，传统的物流市场有主体、客体以及载体，新的物流市场应当在传统物流市场上加入中介这个角色。

二、政策支持，加快新型基础设施建设

一是持续完善专项资金支持方案。重点支持物流枢纽承载城市加快第四方物流信息平台建设，以平台为核心，鼓励区域加快整合既有物流

服务提供商、物流仓储、信息处理、管理咨询等资源，优化物流运输服务方案，帮助企业提升供应链管理水平。鼓励第三方物流公司、数字化信息服务公司等企业积极参与地方第四方物流建设，通过补贴、退税等方式支持相关企业加快向信息化、智能化转型。

二是加快建设新型物流基础设施。以建代管，加快市场化发展，支持社会资本投资新型基础设施，支持高新技术企业加大对服务于物流和供应链的技术产品研发，做好第四方物流产业配套。优化互联网、5G、智能网联、大数据、云计算等设施的布局，简化相应审批流程，完善用地、用能方案。支持物流工业园区、物流集散中心、公共物流信息平台等设施建设。

三是加大对跨境电商领域的支持。引导和鼓励跨境电商参与第四方物流建设，通过减少税收和相关行政管理费用，加快构建服务于跨境电子商务的第四方物流标准化基础体系。同时，政府可对国际贸易、国际运输检验等流程出台相关促进政策，配套第四方物流服务，提升跨境电子商务的效率和收益①。

三、因地制宜，发挥既有设施支撑作用

一是结合既有资源，找到第四方物流高效切入的关键点。要充分利用港口、自贸区、保税区、交通枢纽等既有基础设施，综合供应链资源基础，围绕基础物流数据诊断分析，提供供应链计划方案，提升效率、节约成本，实现对企业资源的最大化整合利用，提高信息化服务能力，使各方在相应环节获取利润。

二是服务既有产业，促进第四方物流与第一、第二产业深度融合。依托第四方物流的管理和资源整合能力，赋能第一、第二产业高质量发展，依托第一、第二产业的服务需求，培育第四方物流稳步发展。

三是扶持本地企业，加快物流产业转型升级。在保持目前已有的现代物流管理模式下，发掘本地优势企业，在科学规划下转换经济运行模式，通过政府引导，集中物流资源助力优势企业实现第四方物流转型；

---

① 曹港程，刘彬，孙佳煜等. 第四方物流平台与跨境电商之间的合作探讨——以上海自贸港为例［J］. 现代商贸工业，2019（18）.

进一步通过引入外部优秀企业资源、人力资源、科技产品，加快形成第四方物流服务提供商的核心竞争力。坚持稳步有序发展，以龙头企业带动分散小企业的集中发展。

四是服务国家战略，配套布局关键物流设施。在国家统筹布局现代物流体系建设前提下，地方物流发展应以网络平台建设为重点，从服务国家物流战略角度，合理规划地方物流基础设施和服务规模，有效布局区域物流基地、配送中心以及集散中心等基础设施，畅通各物流参与方之间的信息，为区域第四方物流发展奠定基础。通过提升整个物流供应链的服务水平，推动国家和地方物流协调良性发展。

第五节　我国第四方物流中心承载城市建设分析

一、贯彻国家现代物流体系建设理念

一是与国家政策相统一。要将第四方物流承载城市建设统一到我国现代国家物流体系建设中，加大物流基础设施建设，确保第四方物流具有高水平的能力，依托第四方物流的统筹优势，助推"干线运输+区域分拨"的物流网络建设，以政府为引导，加大对第四方物流平台的管理，积极争取与区域物流发展协同共进，避免设置区域物流服务门槛。

二是提升社会物流效益。第四方物流发展要支撑我国构建以国内大循环为主体、国内国际双循环相互促进的新发展格局；既要考虑本地发展，又要考虑全国统一大市场的建立，以国家宏观视角完善第四方物流定位，积极鼓励具备相关能力和基础的大型企业兼并重组，提升物流行业整体效率，加快发展智慧物流。

三是实现产业绿色赋能。在物流规划、管理和一体化供应链构建过程中，注重将绿色环保、低碳节能的技术、产品应用到物流服务体系中，实现物流过程的低碳化。通过第四方物流的统筹，加快物流业与制造业的深度融合，创新发展，赋能制造业转型升级。

二、具备较好的物流基础设施

一是具备完善的立体物流网络。在依托既有地理位置优势和多种交通优势，优化物流运营模式，完成基础物流设施的衔接与配套，同时建立符合现代化的仓储、多式联运等设施，并加快对已有物流配送中心、仓储中心技术设备的改造与提升，能够与国内或国际物流高校衔接。

二是具备物流平台系统建设基础。具备大数据、云计算、物联网、移动互联网等新型基础设施，能够通过引进先进技术产品搭建物流服务平台，或者支持本地高新技术企业开展相关物流平台的研发。第四方物流承载城市还应快速搭建物流相关方数据共享通道，具备联通外部信息的能力。

三是不断完善第四方物流政策标准体系。借鉴宁波第四方物流平台建设经验和菜鸟等企业物流实践经验，不断完善第四方物流发展支持政策体系，明确第四方物流服务提供商的准入条件、运营规则和扶持政策，推动建立有序的第四方物流市场；支持菜鸟、京东物流等头部企业牵头制定第四方物流行业标准和地方标准，明确各物流企业的职能与业务范畴，促进服务规范化、程序规范化，提升第四方物流的社会认可度。

三、具有良好的政企协同机制

一是具备物流供应链、相关产业链的引导和控制能力。承载城市政府应从政策、经济、环境的角度对第四方物流建设予以支持，增强对城市以及周边物流区域的供应链管理和控制能力；在建立第四方物流公共平台时，政府有能力引导物流各方参与第四方物流建设，能进行第四方物流服务理念的有效贯彻；在支持第四方物流企业发展时，为企业资源整合提供便利条件，起到资源对接的作用。

二是为物流服务提供商市场下沉和转型升级提供条件。第四方物流承载城市畅通政企沟通渠道，能够充分听取行业内企业的发展诉求，有针对性地出台纾困措施和便利发展政策，充分挖掘本地物流市场潜力和促进第四方物流服务需求，加大对农村的公路、网络和物流服务站点建设的投入；加大对跨境电商、数据中心等设施建设的支持，促进第四方物流平台与跨境电商合作；支持零碳物流园和零碳交通运输服务体系的建设，鼓励物流企业参与绿色可持续的现代物流体系建设。

三是根据第四方物流企业需求引进和培育物流人才。政府支持企业与高校联合培养第四方物流人才，对相应的学科建设提供必要的资金；鼓励企业引进专业物流人才，并根据第四方物流企业发展需求，从人才落户、购房、税收等角度给予政策优惠；鼓励第三方物流企业、跨境电商企业与互联网企业开展第四方物流专业培训，提高现有物流和跨境电商行业人员的专业素质①。

---

① 史丹丽．第四方物流平台滥用优势地位的法律规制研究——以"丰鸟之战"为例 [J]．经济法学评论，2018（1）．

第四章

郑州视角：打造第四方物流中心
城市优势与意义

第一节　区位优势

　　郑州市地处河南省中北部，黄河中、下游分界处，连贯南北，承东启西，是南北两大经济区域的接合部，也是西部资源东输、东部产业西进的承接带，在全国经济发展格局中具有十分重要的战略地位。郑州市总面积7446平方千米，2019年市域城市建成区面积1077.75平方千米，现辖6区5市1县和郑州航空港经济综合实验区、郑东新区、郑州经济技术开发区、郑州高新技术产业开发区。常住人口为1260万。

　　郑州北接京津唐，是以北京为中心的工业产品南下的主要渠道；南临武汉三镇，是中部地区产品入京的必经之路；西靠内陆腹地，经济辐射陕西、山西、宁夏、甘肃等周边省份，是连接华东、华北诸省市与山西能源基地和塔里木油田油气资源东输的重要节点；东至沪、宁、杭等上海为中心的"长三角"经济发达地区（见图4-1）。

　　"一带一路"倡议下，郑州作为欧亚陆路上的重要节点城市，向东直通江海，向西直达欧洲。从江苏连云港至荷兰鹿特丹港的亚欧大陆桥走廊是一条运输通道，也是区域经济发展的轴线，是我国和欧洲陆路商品往来的主要通道，是国际经济贸易的一条黄金走廊。

　　区位优势使郑州成为"中部崛起的中心城市""中原城市群的核心城市"，并且是国务院批复的国家中心城市，在西部大开发的背景下，郑

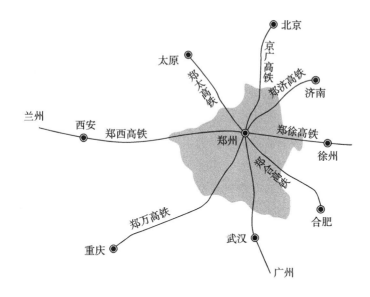

图 4-1　郑州区位连接示意图

州又起到了"桥头堡"的作用。郑州既是东西部物流、商流、资金流、信息流、人才流的重要连接点，也是贯通全国物流大发展的重要通脉，具有较强的聚集和扩散效应，是促进物流畅通、高效运作的重要中心。从城市商业魅力的角度，根据第一财经·新一线城市研究所研究数据显示，北上广深仍然是四大一线城市，新一线城市中郑州超越南京和天津，位居第七，正跻身国家新一线城市行列。

第二节　交通优势

郑州处于我国交通大十字架的中心位置，是一个铁路、公路、航空和管道兼具的综合性交通通信枢纽，拥有较为完善的交通运输基础设施和四位一体的立体化运输网络体系，为郑州现代物流业的发展提供了必要支撑。郑州有 2 座航站楼、2 条跑道、162 条航线、6 个火车站、2 条铁路干线、6 条高铁线、22 条轨道交通以及 11 条高速公路。

一、铁路
郑州这座被冠以"火车拉来的城市"绰号的交通枢纽城市缘于自

身便利的地理位置成为我国铁路的"心脏":京广、陇海两大干线在此交会,京九、焦柳、月石、平阜线通过,形成三纵三横干线框架;在与新亚欧大陆桥相联结的 8 条铁路线中,有 4 条与陆桥十字相交,其中有 3 条在郑州周围,属郑州铁路网所辖。这些使郑州成为我国铁路的重要枢纽,也成为新亚欧大陆桥东段规模最大、最重要的十字铁路枢纽。

郑州拥有中国最密集的高铁网、亚洲最大的铁路货运编组站、中国最大的铁路集装箱货运中心,郑欧班列链接中亚与欧洲,覆盖境外 30 多个国家 130 多个城市。郑州北站是亚洲最大的铁路编组站,中转吞吐能力和作业手段已达到世界一流水平,通过铁路出口的商品可以在郑州直接联检通关。郑州东站是全国最大的零担货运站,也是全国较大的集装箱中转站之一,五条国际集装箱运输线路从郑州直通上海、九龙、连云港、天津、青岛港口。郑州车站是全国三大客运站之一,既是全路特等客运站,也是全路最大行包中转站,可直达 25 个省、区、市。以郑州为中心,"高铁两小时经济圈"已覆盖半径超 500 千米、人口超 4 亿、全国近 1/3 的经济总量;随着进一步发展,郑州正在成为全国重要的"米"字形高铁交通轴,与国家快速铁路网有机衔接,形成以郑州为中心连南贯北、承东启西的"四面八方"轴带发展格局,实现覆盖半径 700 千米、人口 7.2 亿的"高铁两小时经济圈"。

二、公路

郑州公路网四通八达,国道 107、310 在郑州交会,京珠、连霍高速公路穿境而过,使郑州成为全国公路主枢纽之一。郑州先后建成了郑州至开封、洛阳、许昌高速公路以及西环路、北环路等一批重点工程,使郑州的公路交通内外合理衔接,实现郑州与区域内中心城市一个半小时到达,各中心城市间 2 个小时内到达,使高速公路成为区域人流、物流的主要荷载通道。

三、航空

郑州新郑国际机场是中国八大枢纽机场之一,已开通客运航线 194 条,全货机航线 51 条,国内外通航城市和地区 175 个。飞机"2 小时航空圈"覆盖全国国土面积的 3/4,大概 90% 的人口,95% 以上的经济总量，郑州机场已成为国内除上海浦东、广州白云、北京首都、深圳宝安机场之外的第五大国际货运机场。国际航班基本形成覆盖欧美、东亚和东南亚主要城市，连接迪拜和温哥华的枢纽航线网络。2020 年，郑州机场完成旅客吞吐量 2140.7 万人次，货运吞吐量达到 63.9 万吨，运营定期航线的客运航空公司达 54 家，货运航空公司达 58 家。

第三节 经济腹地优势——郑州都市圈

郑州都市圈是由郑州及开封、洛阳、平顶山、新乡、焦作、许昌、漯河、济源八座外围社会经济联系密切的城市所构成的城市功能地域。截至 2021 年，都市圈地区生产总值 3.28 万亿元、常住人口 4670 万。郑州都市圈将按照极核带动、轴带提升、对接周边的思路，着力构建"一核一副一带多点"的空间格局。

"一核"是以郑州国家中心城市为引领，以郑开同城化、郑许一体化为支撑，将兰考纳入郑开同城化进程，发挥郑州航空港区枢纽作用，共同打造郑汴许核心引擎。

"一副"是推动洛阳副中心城市和济源深度融合发展，形成都市圈西部板块强支撑。

"一带"是落实郑洛西高质量发展合作带国家战略，以郑开科创走廊为主轴、郑新和郑焦方向为重要分支，打造以创新为引领的城镇和产业密集发展带。

"多点"主要是指新乡、焦作、平顶山、漯河等新兴增长中心，形成组团式、网络化空间格局。

郑州都市圈推动资源要素同筹同用、城市功能聚合互补、产业体系错位布局、公共服务共建共享；规划建设东部兰考、北部中牟—开封城乡一体化示范区、南部郑州航空港经济综合实验区—尉氏等郑开同城化示范区；推进郑州、许昌深度融合发展，以郑许市域铁路为先导加快构建一体化交通体系，充分发挥许昌先进制造业优势和郑州航空港经济综合实验区综合枢纽作用，高质量建设许港产业带，培育壮大航空经济、智能终端、高端装备、电子信息、生物医药、先进材料、现代物流、循环经济等主导产业，完善从源头创新、技术转移转化到高技术产业的创新链。依托郑许市域铁路、开港大道、G107 等主要交通轴带，形成以郑汴许三市主城区和郑州航空港经济综合实验区为支撑，以郑开科创走廊、许港产业带、开港产业带为骨架的郑汴许"黄金三角"，发挥郑州航空港区位优势，打造都市圈的先进制造业集聚核心区。

到 2025 年，郑州国家中心城市 GDP 力争达到 2 万亿元，郑州都市圈 GDP 力争达到 6 万亿元。郑州都市圈不仅是河南、中原地区发展的火车头、动力源，也将通过带动河南发展，促进中原地区高质量发展。

第四节　经济发展优势

2020 年，郑州完成生产总值 12003.0 亿元，按可比价格计算，比上年增长 3.0%。全年规模以上工业增加值比上年增长 6.1%；全年直接进出口总额 4946.4 亿元，比上年增长 19.7%；全年跨境电子贸易走货量 7865.5 万包，比上年增长 47.0%；货值 154.8 亿元，增长 70.5%。三次产业比重调整为 1.3：39.7：59，六大工业主导产业占比达到 81.9%，战略性新兴产业占比提高 38.8%，高耗能产业占比下降到 26.2%，培育形成汽车及装备制造、电子信息、现代食品制造、生物医药、新型材料和铝加工制品等千亿级产业集群：

● 汽车及装备制造：客车、轿车、皮卡车、新能源汽车等；工程机械、煤矿机械、水工机械、纺织机械、轨道交通设备、高效电力设备、节能环保设备等。

● 电子信息：智能终端（手机）、新一代信息通信产品、光伏、新型显示、应用电子、信息家电、物联网设备等。

● 现代食品制造：速冻食品、方便食品、面粉、粮油加工、饮料果蔬加工、乳制品、农副产品加工等。

● 生物医药：诊断试剂、新型疫苗与血液制品、抗生素原料药、现代中药、生物医学工程等。

● 新型材料：磨料磨具、超硬材料及制品、新型有色金属合金材料、新型耐火材料、新型节能环保材料等。

● 铝加工制品：高端氧化铝、电解铝、铝终端产品。

郑州现有电子信息产业企业超过了 300 家，经认证的软件企业占全省软件企业总数的 80% 以上，形成了智能终端、信息安全、智能传感器三个较为完整的产业链，拥有富士康等行业龙头企业，年生产手机 2 亿部，占世界的 1/3；传感器占全国 70% 以上的规模。

汽车产业方面现有宇通客车、东风日产、上汽、郑州日产等六个整车企业，10 个专用车企业，全市整车汽车产能超过了 200 万辆，产业规模接近 1000 亿元。

郑州全市装备制造业企业超过 400 家，拥有郑煤机、中车四方等一批行业骨干企业，中铁装备的行业占有率连续多年位居全省第一；郑州生产的综合采煤设备居世界第一，全市装备制造业的规模超过了 2000 亿元。

新型材料产业方面，郑州拥有 600 多家企业，形成高端耐材和高端材料两个集群，全市耐材年产量占全国 30%，全省 60% 以上，是全国最大的新型耐材基地，有四方达等一批国内一流企业。

全市金刚石占有 20%，绿化硼接近 80%，规模超过 5000 亿元。铝金加工方面 1500 多家，拥有中铝等一批龙头企业，明泰铝业是全国最大的铝加工企业。

食品方面规模以上企业 180 多家，国内市场占有率累计超过了 60%，如好想你是中国枣业第一品牌，规模接近 1500 亿元。

第五节 服务业发展优势

一、总体发展情况

郑州按照"东强、南动、西美、北静、中优、外联"布局服务业产业，创新发展服务业新兴业态，扩大服务消费供给，重点发展金融、物流、商贸、商务会展、科技服务、文化创意旅游、健康产业七大支柱产业，构建"一核提升、一带拓展、多板块支撑"的空间布局，打造特色鲜明、配套完善的服务业集群，实现核心区统领、功能区支撑、点面协同发展的服务业发展格局，为郑州建设国家中心城市提供重要的产业支撑。

2020 年，郑州服务业增加值突破 7000 亿元，税收占全部税收的

70%左右，成为推动经济持续走在全省以及全国主要省会城市前列的主要动力。金融业成长为第三产业中规模最大的产业，占比达到18.4%；会展展览场次及面积连续多年排名全国前列；跨境电商交易额年均增长25%以上，网购保税进口累计业务总量全国第一。

随着中部崛起、黄河战略等国家级战略深入推进，以及郑州国家中心城市建设、中国（郑州）跨境电子商务综合试验区、中国（河南）自由贸易试验区等战略平台融合联动的叠加效应持续显现，将释放空前的利好效应，服务业改革开放、重点领域先行先试激发的创新活力持续迸发，服务业发展空间拓展、功能丰富、层级提高等多线推进，郑州服务业也将进入高质量发展的"黄金机遇期"。

二、空间布局

"一核"强化能级提升：推动老城区高品质发展，提升服务能级。依托老城区服务业集聚发展基础，以商业中心、特色商业街区、社区商业为主要载体，突出楼宇经济、街区经济、总部经济，提升商贸、文化、旅游等综合性、多元化、高品质服务功能，打造郑州服务业发展新形象。

"一带"强化战略引领：围绕黄河战略，以黄河流域生态保护和高质量发展核心示范区域为依托，发挥沿黄自然、人文景观以及科技资源集聚优势，高标准打造"沿黄现代服务业产业带"，全面提升沿黄文化旅游、科技服务等服务能级。

"三极"强化辐射带动：充分发挥东部片区、南部片区、西部片区核心承载区域的辐射带动作用，打造现代服务业开放创新强劲增长极。东部片区以郑东新区为依托，统筹中牟县，利用龙湖北片区、金融岛片区、云湖大数据产业园、高铁东广场、郑州国际文化创意产业园等载体平台，重点布局金融服务、文化旅游、服务贸易、科技服务等产业，建设成为引领郑州高质量发展的重要引擎。南部片区以郑州航空港区为依托，统筹郑州经开区、新郑市，利用交通区位优势，大力发展数字贸易、跨境电商、保税研发设计、全球检测维修、汽车及高端装备研发、现代物流、总部经济等高端服务业，建设成为国际综合枢纽和物流中心，成为提升对外开放水平的重要载体。西部片区统筹登封、巩义、新密、荥阳等区域，依托登封市核心片区、新密市古城核心板块、郑州西部新城（荥阳）核心板块等平台载体，大力发展文化旅游、健康养老等产业，建设成为国际知名的文化旅游目的地、国家重要的健康医疗中心，成为美丽经济发展的样板。

第六节　农业发展优势

郑州现有划定粮食功能区 120 万亩，建成有一定规模和示范带动作用的现代农业示范园 14.6 万亩，粮食年产量稳定在 150 万吨左右，蔬菜年产量稳定在 220 万吨以上。郑州大力培育新型农业经营主体，农民专业合作社发展到 4253 家，其中国家级示范社 21 家、省级 35 家、市级 76 家，培育家庭农场 450 家、规模经营户 4220 户。"三品一标"农业品牌总数达到 115 个，"好想你"品牌荣获全省首家中国商标金奖，三全、思念、白象三家企业荣登"2019 中国品牌价值评价榜"。

第七节　物流基础优势

一、郑州物流业总体发展情况

郑州积极推进制度型开放、优势再造两大战略，围绕"11224"物流口岸重点工作，坚定不移走好"枢纽+开放"路子，物流业高质量发展态势持续增强。2022 年上半年，郑州全市物流业增加值预计完成 490 多亿元，同比增长 4.1%；郑州市场主体加速壮大，新增 11 家 A 级以上物流企业。到 2022 年，郑州共培育 A 级物流企业 128 家，其中 5A 级物流企业 9 家，4A 级物流企业 66 家，3A 级物流企业 49 家，2A 级物流企业 4 家。

郑州"空中丝绸之路"享誉全国，客货运航线 245 条，旅客吞吐量达到 2140.7 万人次、货邮吞吐量 63.9 万吨，稳居中部城市"双第一"。"陆上丝绸之路"连通亚欧，中欧班列累计开行 3886 班，成为中东部地区唯一获批的中欧班列集结中心示范工程。跨境电商"1210"模式、退货中心仓模式和正面监管模式全国复制推广，全球网购商品集疏分拨中心基本建成。"海上丝绸之路"通达顺畅，铁海、公海联运形成内陆"无水港"。综保区等开放平台体系不断完善，汽车、粮食等功能性口岸作用日益增强。自贸区郑州片区持续创新，国际贸易实现"单一窗口"全覆盖。首家本土基地货运航空公司成立，以郑州航空港区为主引擎、以自贸区建设为支撑、以综合性交通枢纽建设为抓手、以国际化便利化开放体系为保障，打造内陆地区对外开放"一门户、两高地"，构建"连通境内外、辐射东中西"的国际物流通道和集散分拨中心，在双循环新格局下，发挥好"一带一路"建设的"枢纽和引擎"关键作用。

未来随着国际航空港和国际陆港的加快建设，郑州将对标美国孟菲斯，"铁、公、机"三网联动，实现海陆空一体的现代交通和物流体系，真正成为国际物流大都市和全球物流中心。

专栏 4-1 《郑州国际航空货运枢纽建设与展望》内容节选

郑州将从五方面发力，加强国际航空货运枢纽建设：

一是高标准建设枢纽门户。以"空中丝绸之路"建设引领，支持郑州机场加大货运包机引进力度，鼓励、支持定期航班开行，构建高品质的航线网络布局，高频连通全球前30位货运枢纽航点，实现与全球主要货运枢纽航线高效通达。同时，依托郑州空港型国家物流枢纽，增强基地航司国际竞争力，打造枢纽型本土基地航空公司，构筑辐射全球、高效通达的货运航线网络体系和运输通道，建成"全球航空货运枢纽"和"现代国际综合交通枢纽"。

二是大力培育临空枢纽经济。为产业链上下游企业营造法治化、国际化、便利化的营商环境，积极支持境内外大型物流集成商在郑设立口岸作业区或分拨中心。同时，吸引高端制造、商贸物流以及产业链上下游集聚发展，形成产业链供应链融合点。打造以现代物流、跨境电商和商贸会展为主的现代服务业，以电子信息、智能制造、生物医药为主的高端制造业，强化产业要素在人力资源、科技创新、现代金融等方面的配置能力，逐步提升全要素生产率。

　　三是持续完善多式联运体系。探索"航空+高铁"联运发展模式，规划建设空铁联运物流设施，加快航空货运与高铁快运一体融合，率先打造高铁货运枢纽中心。统筹利用和集聚整合航空货运、高铁物流和卡车航班资源，在货源信息共享、货物分拨转运、快速集疏等方面探索高铁货运组织形式、空铁联运设施标准和转运流程。

　　四是不断提升口岸通关效能。推进郑州国际邮件枢纽口岸建设，优化跨境电商销售医药产品清单，加强航空口岸与新郑综保区联动发展。拓展国际贸易"单一窗口"服务功能和应用领域，加快推进郑州机场航空电子货运试点经验推广，拓展郑州航空口岸与国际相关航空口岸数据互联互通，打造国际区域性航空物流的信息交换枢纽。

　　五是着力深化人文交流合作。依托"一带一路"沿线国家历史渊源，着力打造"丝绸之路文化交流中心"，广泛开展文化、旅游、教育、科技、医疗等领域合作。

二、郑州市物流产业分布

（一）航空港区

主导产业有航空物流、跨境电商、手机电子、汽车制造等，物流产业集中在手机电子、食品冷链、跨境电商等领域。

（二）经开区

主导产业有汽车制造、国际物流及产业园、保税仓、跨境电商、机械装备等，物流产业集中在进出口物流、郑欧班列、电商物流、保税物流等领域。

（三）惠济区

主导产业有商业配套、干货海鲜市场、建材家具、汽车贸易、休闲文旅等，辖区有中国最大的速冻食品生产基地及中国中部最大的干货、海鲜市场，物流产业集中在速冻食品、海鲜鲜活等领域。

（四）中牟区

主导产业有汽车制造及零部件、果品蔬菜市场、商贸物流、主题文旅、有机农业等，其中有亚洲最大的果品交易市场，物流产业集中在果品生鲜、食品冷链、汽车零部件等领域。

（五）新郑区

主导产业有商贸物流、食品加工、生物医药、保税区等，物流产业集中在国内商贸物流配送、快递快件分拨、保税物流、冷链物流等领域。

三、郑州航空港试验区规划及发展情况

为建设现代化、国际化、世界级物流枢纽，积极打造成为引领中部、服务全国、联通世界的枢纽经济高地，郑州航空港试验区将打造"公共文化服务中心、国际经济文化交流中心、双鹤湖科技城、园博生态城"四大核心片区，规划面积约 87 平方千米。

"公共文化服务中心"位于航空港实验区"北城"片区，是航空港实验区启动北城发展战略的核心片区，核心区城市设计 13.9 平方千米，起步区面积约 2.5 平方千米。公共文化服务中心作为航空港实验区最重要的城市服务中心区，主要立足空港、服务郑州、面向国际、探索未来。该片区定位为：国际航芯，中原智核。重点打造航空经济中心、中原创智中心、都市区副城中心、新兴产业中心四大核心职能。

"国际经济文化交流中心"位于航空港实验区中部片区机场核心区以东区域，总面积约 16.7 平方千米，起步区面积约 4.9 平方千米。该片区定位为：丝路新起点、国际新门户、国家新枢纽、中原新都心，发展目标为"双枢纽三中心"，即国际空铁双枢纽、丝路会展交易服务中心、国际文化交流中心、中国制造基础服务中心。在产业体系方面，依托三大中心，重点发展会展交易、商务办公、高端制造、新型工业、高新科技、旅游贸易等产业。目前航空港站、城际铁路、城郊线等重大基础设施即将同步建成投用，与郑州机场共同形成区域超级枢纽示范区，新国际会展中心一期及周边配套项目正在加快推进建设。

"双鹤湖科技城"位于航空港实验区南部片区，规划面积 35.36 平方千米，核心区面积 5.89 平方千米。规划定位为：辐射中原经济区的高端商务集聚区，服务中原经济区的中原活动区，引领航空港实验区快速发展的形象展示区。围绕双鹤湖中央公园布局商务办公区、科研办公区、文化设施区、高端居住区及生活配套等功能，核心区外布局精密仪

器制造、电子信息、生物医药等高端制造产业，形成宜业、宜居、宜游的产城融合示范区。

"园博生态城"位于园博园所在区域，规划面积约 21 平方千米。总体定位为：航空港实验区南部的生产与生活服务中心，是城市副中心的核心区域，是航空港实验区未来发展重要的国际化、生态型、区域性生产性服务副中心。园博生态城将建设四个综合服务中心和三大生态低碳居住片区，最终形成现代服务之城、生态有机之城和品质宜居之城。

四、郑州空港型国家物流枢纽建设的发展情况

（一）空港型国家物流枢纽快速发展

郑州机场年货邮吞吐量由 2019 年的 52.2 万吨增长到 2021 年的 70.5 万吨，在国际国内航空货运均为负增长的情况下实现了年均 16.2% 的高速增长，国内排名由第 7 位稳定至第 6 位，全球排名进入了 40 强。

新增中原龙浩和中州航空两家全货运基地航空公司，郑州运营全货运航空公司已经增加到 31 家，全货机航线 48 条，通航城市 53 个，在全球货运前 20 位的机场中开通了 17 个航点，前 50 位的机场中开通了 28 个航点，连通"一带一路"沿线 17 个国家，形成了横跨欧美亚、覆盖全球主要经济体的全货机货运航线网络体系。

（二）空港型国家物流枢纽加速产业集聚

郑州空港型国家物流枢纽快速发展，带动了周边产业的加速集聚，郑州航空港区已经形成了航空物流、电子信息、生物医药、精密机械四大产业集群。截至 2021 年底，年生产总值达 1172.8 亿元，工业总产值突破 4000 亿元。近年来先后引进比亚迪汽车、超聚变等新能源、高科技产业，加快建设天朗智谷人工智能产业园、中南高科智慧电子产业园、东微电子半导体芯片材料产业园、航空制造产业园等新的产业园区，不断增强产业的集聚效应。郑州航空港区最新规划了 3000 多平方千米的发展空间，已经成为河南经济社会发展的核心增长极和大推力发动机。

（三）郑州空港型国家物流枢纽建设创新举措

1. 突破瓶颈，加速核心要素集聚

郑州空港物流枢纽着力引育一批核心市场主体，包括但不限于快递

邮件、跨境电商、生鲜冷链、机械配件、电子产品、时尚服装等航空物流企业和航空物流生产型企业。加快引进国际国内知名的头部企业，与DHL达成设立口岸作业区合作意向，帮助博立航空获批 129 适航审定；支持 FedEx 设立区域分拨中心；促进顺丰建成投用郑州航空快件转运中心；配合东航物流制定完成郑州生鲜港和生鲜产业园总体方案；引进京东、马士基等物流项目；加快与中国邮政集团合作，推动建设郑州国际航空邮件枢纽口岸，该口岸已于 2022 年 1 月 28 日获得了海关总署的正式批复。

2. 勇于探索，承担国家四大试点任务

按照国家战略，面向未来发展，积极探索航空物流新技术、新业态。先后承担了国家电子货运、海外货站、空空中转、多式联运四大试点。

电子货运试点项目。该项目是 2020 年中国民航批复的全国唯一电子货运试点，目前，该试点已初步形成航空物流标准化体系，电子运单中性平台和航空电子货运信息服务平台正式上线运行。截至 2022 年上半年，郑州机场航空电子货运平台应用企业超过 140 家，基本涵盖了全部在郑州机场运营的航空物流企业，完成近 6.4 万单 14 万货物的出港处理，安检无纸化申报和验放约 7.3 万单，其中包括 8800 票危险品货物的电子审批。

海外货站试点项目。该项目先后列入民航局"提升航空物流综合保障能力第一批试点项目"、《中国—中东欧国家领导人峰会成果清单》，获得国家层面的关注和支持。该项目通过境内外基础设施联通，货站统一运行信息平台的打造，实现实时化信息交流与海关监管，大幅提升监管效率、操作效率和流动效率，为未来国际航空物流的高质量发展探索了新模式，为"以国内大循环为主体、国内国际双循环相互促进的新发展格局"进行了有益探索。首家投用的布达佩斯海外货站，仅用一年时间，货运量就从 0 猛增至 2 万吨，2022 年货量将达到 6 万吨，呈爆发式增长态势。

空空中转项目。该项目为中国民航局批复的提升航空物流综合保障能力第一批试点项目，旨在提升郑州国际航空货运枢纽的服务能级，将货源集疏运范围由国内扩大到国际。包括国内国际互转、国际转国际、国际转国内模式下多航司拆单、并单、通单等 10 余种中转业务，目前已经实现常态化运作。

多式联运试点项目。该项目通过总结提炼多式联运业务当中的操作步骤和数据互联的内容，"1+5"多式联运标准体系初步成型，即 1 个团体标准和《航空货运信息系统报文接口标准》《国际航空进出港货物操作标准》《国际航空进口药品操作标准》《航空跨境电商一般模式操作标准》《国际物流数据标准》，初步构建了郑州航空枢纽多式联运的标准化体系。

3. 提升保障能力，不断优化营商环境

不断提升保障效率。保障一架全货机行业平均时间约需 4 小时，郑州机场仅需两个半小时；疫情影响情况下，在 3 个半小时以内完成操作。增强危险品运输的保障能力，引进上海化工院，投资 4000 万元在航空港区设立专项危险品货物检测实验室；培育特种货物的保障能力，郑州机场平均每两天有一次超长超重货物的保障工作，已经成为境内外航司保障超长超限货物的首选机场。推进完成国际航协 ISAGO 审计和 CEIV 药品资质认证，货物的保障能力与保障效率得到进一步提升。

不断优化通关环境。完善国际贸易"单一窗口"功能，提升"7×24 小时"通关水平，确保货物"随到随检、快速验放"。创新海关监管模式，探索建立以信用制度为基础的抽检和免检监管模式，进一步实施"境外检、口岸放"等新模式。推进大通关建设，全面推行"一站式作业""联合查验、一次放行"等通关新模式。与欧美货运枢纽机场建立货运枢纽联盟，实现"数据互认、监管前置"。

不断完善基础设施。投资 48 亿元的北货运区一期工程顺利完工，2022 年 8 月建成投入使用，枢纽的货运保障能力将达到 110 万吨，是目前保障能力的 1 倍。创新运用 BIM 技术，着力打造智慧型工地，利用 5G+AI 建设首座全自动高架货库。创新全国首家"保税+空港"的作业模式，使货站及机坪区域具备综保区功能。

五、郑欧班列运行情况

郑欧班列打通了我国中东部地区至欧亚境内的西向国际物流通道。自 2013 年运行以来，中欧班列（郑州）从开行之初平均每月 1 班增长到目前每周去程 16 班、回程 18 班的高频次往返状态，相继开通并常态化运行了郑州至汉堡、列日、慕尼黑、赫尔辛基、米兰、华沙、卡托维兹等线路，基本构建了河南连通欧洲、中亚和东盟及亚太（日韩等）的国际物流大通道，信阳毛尖、南阳香菇、商丘棉花等河南省特色产品搭乘中欧班列（郑州）畅销沿线国家。郑欧班列是国内唯一实现高频次往返均衡对开的中欧班列，去程、回程满载率最高，货值、货重名列中欧班列前茅，是国内唯一实现冷链业务常态化的班列。

郑欧班列每班列基本经过 4~7 个国家。如郑州—赫尔辛基，经过中国、蒙古、俄罗斯、芬兰四个国家；而郑州—米兰，则经过中国、哈萨克斯坦、俄罗斯、白俄罗斯、波兰、德国、意大利七个国家，其中运输的货物大多为防疫物资、服装家居、汽车配件、机电设备等。

郑州国际陆港公司在国内国外有丰富的基础网络，在国内有 30 多个办事处，在欧洲除了 10 个直达站点外，还有 12 个二级站点，通过一级站点与二级站点的链接，将货物运往欧洲大部分地区，实现"门对门"服务。

六、河南保税物流中心发展现状

（一）总体发展情况

河南保税物流中心成立于 2010 年 1 月 7 日，是河南重要的外向型经济服务平台。中心占地 55 万平方米，总投资 20 亿元，分为封关运行区、特色物流交易区、口岸作业区、综合服务区四个功能分区。中心位于全国铁路公路网最大交会处、全国重要物流节点的郑州经济技术开发区内，是中原经济区重要国际采购、分拨和配送中心。

河南保税物流中心距新郑国际机场 22 千米，距陇海铁路圃田站 3 千米，距国家类铁路口岸郑州铁路东站 1.5 千米，距货运中心站 2.5 千米，距天津、青岛、连云港港口运输最多不超过 8 小时，且均有高速公路抵达河南保税物流中心，以河南保税物流中心为原点，日往返 500 千米，日送达 800 千米的区域，将覆盖中西部及中国的西南及华中地区的2/3 人口，并与郑州市大东区的建设规划融为一体，形成了一个大的集金融、物流、仓储、加工、展示等功能为一体的经济区域。

河南保税物流中心着力搭建"全球汇"数字国际供应链平台，从原来单一的进口和出口业务，调整为"全球汇"产业平台"1+4"经营模式，重点发展物流、金融、商贸、数字贸易四种业态。截至 2022 年 11 月，园区跨境电商进出口交易额已突破 200 亿元，共完成 E 贸易单量 5857.85 万单，交易额 2001231.86 万元，同比增长 25%。其中，进口交易额 228193.12 万元，占比 11.4%；出口交易额 1773038.74 万元，占比 88.6%。

（二）全球物流网络布局

河南保税物流中心促成航空货运与国际出口电商时尚巨头 SHEIN（希音）合作；新增郑州—俄罗斯、墨西哥、埃特蒙顿、智利、巴西货运包机专线，加密郑州—美国纽约和欧洲卢森堡、列日航线每周跨境电商包机达 3 班；全国首开 TIR 卡班，实现空卡联运，国际 TIR 卡班 2022 年发车 3200 余辆；在纽约、洛杉矶、芝加哥、列日成立海外仓，实现全球化网络"门到门"服务，实现全球 7×24 小时派达；开通海上运输、班列物流运输为园区进出口业务提供多元化物流化通道。

在义乌、福州、深圳设立办事处，吸引全国跨境电商产业集聚，抖音国际、香港新华集团、奥莱中国、小米进口仓、天猫全球购等知名平台企业相继入驻。园区自贸达、豌豆公主与抖音合作，积极拓展线上交易，增设跨境直播。园区招商落地 1.8 万平方米的中部最大直播基地，50 家知名 MCN 机构入驻，打造店播、仓播、线上直播间等交易推广集群，实现产业孵化和品牌孵化。

（三）功能区发展情况

1. 封关运行区

一期 19.2 万平方米封关运行区投资 2.55 亿元，完成了三进三出、进出分离的两个全智能卡口，5.8 万平方米保税仓库，1 万平方米待放区域，3.2 万平方米堆场、2370 平方米服务楼、3000 平方米查验场所等配套设施，可满足全省进出口业务的中长期需要，封关区域内可实现 24 小时全方位无盲区监控。被国家四部委验收组领导称为"目前全国最先进的封关区域"。

2. 特色物流交易区

根据河南以原料型大宗散货进口为主，兼顾农业和经济大省的特点，以陇海、京广铁路大十字为骨架，高速公路为补充，快件空运为羽翼,大力推进第三方物流,并通过物流信息化、交易规模化的高端运作,推进棉花、粮油、橡胶、皮革、冷链、有色金属等物品的现期货交易及汽车、办公用品、医疗器械、二手设备进口业务,成为独具中原特色和张力的保税物流贸易产业集群和综合物流资源交易市场。

3. 口岸作业区

依托经开区海关口岸功能,统筹整合出口加工区功能,实现保税物流中心功能与口岸、深加工功能的叠加和延展,从真正意义上形成综合保税区;加上与郑州铁路集装箱中心站的珠联璧合,亦是实际的河南"内陆港"。

4. 综合服务区

主要服务功能是:信息服务中心、产品推介展示展览中心、物流专业人员培训中心、业务研发中心、物流企业联谊中心、员工生活设施区等。

中心旨在四个区域之间形成相互依托、和衷共济的关联体系和放大效应,以信息平台为纽带,以现代商贸物流理念指导经营,整体形成内贸与外贸融合、物流与交易匹配、信息交换与样品展示并举、个性化与多元化包容互济的新型产业链条、经营业态和现代化高端物流平台。发挥中心保税仓储、出口退税、国际贸易和转口贸易、全球采购和国际分拨配送、流通性简单加工和增值服务、物流信息处理和咨询、一日游等政策功能效应,形成电子产品及配件、棉花、皮革、橡胶、油脂油料、食品、冷链、汽车零配件等行业物流聚集区。使中心成为积聚中原、联结欧亚、支撑"中原经济区域战略"的重要经济实体和功能要件。

目前中心已有达飞物流、金象保税物流、开元、中启报关公司、北京全球捷运、郑州交运、河南久磊、海诚邦达等企业入驻,与富士康及其配套商、苹果、DHL、东风日产、海马汽车、广汽商贸、东方海外、中集集团、中铁物流、中粮集团、中远、中海、中外运、河南快捷、浦发银行、招商银行等国内外知名物流贸易商、船公司、货代、生产厂商、银行广泛合作,更与青岛港、天津港、连云港等国际大港形成战略合作,形成内陆无水港码头。

第八节 郑州市打造国家第四方物流中心的意义

一、有助于全球运输网络布局

通过第四方物流中心的建设，对物流资源有效组织，将市场中分散、无序流动的信息集中起来交流和分配，全面提高综合化物流解决方案能力，提高一站式和网络化的物流服务质量、物流信息的可信度和有效性以及交易双方信用的可信度，有助于郑州建成衔接国际国内的运输网络和物流体系，实现航空港、铁路港、公路港、信息港"四港"高效联动，空中、陆上、网上、海上"四条丝路"畅通全球，成为辐射全国、链接世界、服务全球的国际综合枢纽。进一步深化郑州—卢森堡战略合作，拓展郑州—赫尔辛基合作成果，加快"空中丝绸之路南南合作伙伴联盟"建设，支持国内外大型航空货代企业在郑集疏货物，鼓励 DHL、UPS、FedEx 等知名物流集成商在郑扩大航空快递业务规模，在郑设立区域分拨中心。高水平建设中欧班列集结中心示范工程和国际陆港第二节点，完善"一枢纽、四通道"战略布局，优化线路和运力结构，开展班列运邮和运贸一体化业务，建设海外集疏分拨网络，重点发展国际冷链和定制班列，谋划建设中欧班列公共信息服务平台。

二、有助于全球物流供应链服务企业的培养与集聚

第四方物流依靠业内最优秀的第三方物流供应商为客户提供独特的和广泛的供应链解决方案，郑州可依托空港及产业优势，集聚头部供应链服务企业，提供贸易、物流、金融、大数据信息服务等现代供应链一体化服务，吸引国内及国际企业在港区设立总部或地区性总部，建设跨境智慧供应链总部基地，形成全球物流供应链服务企业的培养与集聚。搭建网络信息平台，利用网络平台在信息传递方面的及时性、高效性和广泛性等特点，达到信息充分共享，减少交易成本，实现最大物流资源的整合。

三、有助于河南培育经济发展新动能

第四方物流中心的建设与发展，可以降低综合采购成本，进而推动商品贸易的发展。贸易流量规模的扩大，又能极大地促进金融服务、中介服务及旅游、酒店、餐饮、文化等服务业的发展，这使服务业的综合竞争力得到提升。第四方物流中心的构建离不开货源的支撑，除了空港枢纽基地货运航空公司带来的中转货源外，最主要的就是本区域产业带来的腹地货源，因此第四方物流中心的发展可以做大本地原有比较优势的产业，也可以最大限度地促进原有产业门类的变化发展，提质增效，促进产业链的延伸与拉长，培育经济发展新动能。

四、有助于郑州物流产业转型升级

由于第四方物流具有完善的物流信息网络和强大的物流信息收集与利用能力，可以不受约束地去寻找各个领域的行业最佳提供商，把不同领域的物流服务进行整合，提供全面的供应链解决方案，实现各个企业的信息共享，这种特质就要求不断发展中的物流企业增强资源整合重组能力及自身供应链战略规划能力，促使物流企业向供应链服务企业加快转型升级，以适应市场需求，为物流业的发展注入新动力；第四方物流的发展促进物流公共信息平台探索出政府与市场有机结合的发展模式，使政府与企业优势互补、密切配合，不再停留在松散、被动的信息服务层面，发挥平台的新优势与新动能，促进物流业的发展。

五、有助于本土企业增强与跨国物流公司的竞争能力

20世纪90年代以后，我国传统物流业开始向现代物流业转变，物流逐渐成为我国国民经济的重要产业和新的经济增长点。经过几十年的建设，我国现代物流业的硬件设施等基础环节不断加强，信息技术的应用也越来越广泛，物流公共信息平台逐渐兴起。但当前我国物流发展总体水平还比较低，现代物流建设仍未形成"体系"，主要表现为资源散置、结构性短缺、物流服务功能单一、效率不高、急需配送满足率低等，严重影响我国产业国际竞争力的提高；我国本土第三方物流公司也很难在短期内在技术服务方面与能提供完善的集成化物流服务的跨国物

流公司匹敌。第四方物流有较强的服务能力，能适应客户不断提高的要求，第四方物流经营人除了提供第三方物流经营人的传统服务（如运输、仓储、配送）以外，还需从战略战术上进行规划设计，向用户提供更多的增值服务，从本质上提升企业的服务能力和核心竞争力，增强本土企业国际竞争力。

第五章

战略视角：郑州打造国家
第四方物流中心战略

第一节　发展基础

一、现代物流业已经成为促进国民经济发展的一个重要行业和支柱产业

物流业是现代服务业的重要组成部分，是推动城市化发展的重要支撑。我国物流业已成为国民经济的重要组成部分，在促进经济社会发展中起到重要作用。近年来，我国物流市场规模和物流业增加值持续扩大，社会物流费用占 GDP 比例逐年下降，社会经济发展对物流业的需求持续增多。企业规模逐步扩大，专业化物流企业快速成长，物流市场主体发展壮大，培育了一批具有影响力的本土物流企业。

二、产业链供应链现代化发展上升为国家战略

2017 年党的十九大报告提出"在中高端消费、创新引领、绿色低碳、共享经济、现代供应链、人力资本服务等领域培育新增长点、形成新动能"。这是党中央首次提出现代供应链概念，标志着"现代供应链"发展正式上升为国家战略。《中共中央关于制定国民经济和社会发展第十四个五年规划和二〇三五年远景目标的建议》明确提出，要提升产业链供应链的现代化水平。

近年来，我国的产业链供应链现代化取得了明显进展，主要体现为产业链供应链创新与应用试点进入新阶段，大中小企业融通发展的格局正在形成，产业链供应链自主可控能力得到稳步推进，产业链供应链数字化、绿色化转型加速，应对产业链供应链风险的机制初步形成。

三、物流基础设施形成体系

我国基本形成与现代化经济体系相适应的物流基础设施体系，形成海、陆、空多种运输方式协调发展的综合交通运输网络，形成多层次、广覆盖的物流节点及通道网络，形成系统化布局、集约化建设、高效化运行、绿色化发展模式。全球资源配置能力显著增强，保税物流中心、空港国家物流枢纽、陆港物流中心等取得了显著成效。

四、物流信息化迈上新台阶

随着互联网、云计算、大数据等现代信息技术在物流领域的推广应用，"互联网+车货匹配"等物流新模式、新业态不断涌现，一些企业利用互联网搭建车货匹配信息平台，探索开展无车承运和货运供需信息实时共享；智能仓储在快递、冷链等细分领域发展迅速；多式联运、共同配送、集中配送等先进运输组织方式得到广泛应用；互联网、大数据在物流市场监管体系建设运行中的作用也日益凸显。我国大中型企业物流及第三方物流企业信息化意识普遍提高，信息化进程正在加快，"互联网+"高效物流生态体系正在形成。

第二节　发展定位

在郑州建设全球性综合物流枢纽、创新物流基础设施体系建设模式、打造专业化高效物流服务网络、建设跨境智慧供应链总部基地，打造国家第四方物流中心。

吸引国内及国际企业在郑州设立总部或地区性总部，形成全球物流供应链服务企业的培养与集聚，培育第四方物流企业及第四方物流平台，整合物流行业的资金流、物流服务、信息流，并融合电子商务、电子政务，以信用体系和制度体系建设为支撑，提供贸易、物流、金融、大数据信息服务等现代供应链一体化规划与咨询服务，使第四方物流达到安全、规划、高效、便捷的服务目标。

第三节　发展模式

一、供应链合作联盟模式

（一）伴生发展模式

第四方物流与第三方物流伴生发展。企业把物流业务外包给第三方物流，第三方物流把其中一些自己无力解决的技术与战略技能再外包给第四方物流。第四方物流和第三方物流共同开发市场，第四方物流向第三方物流提供一系列的服务，包括技术、供应链策略、进入市场的能力和项目管理的专业能力等。第四方物流往往会在第三方物流公司内部工作，其思想和策略通过第三方物流这样一个具体实施者来实现，以达到为客户服务的目的。第四方物流和第三方物流一般会采用商业合同的方式或者战略联盟的方式合作。

（二）战略决策者模式

企业把物流业务外包给第四方物流，第四方物流再把各项任务分包给在特定任务上具有专业优势的各家第三方物流企业。在这种模式中，第四方物流为客户提供运作和管理整个供应链的解决方案。第四方物流和第三方物流的资源、能力和技术进行综合管理，借助第三方物流为客户提供全面的、集成的供应链方案。第三方物流通过第四方物流的方案为客户提供服务，第四方物流作为一个枢纽，可以集成多个服务供应商的能力和客户的能力。

（三）产业革新者模式

第四方物流通过多种方式的协调，为众多产业成员运作供应链，为多个行业的客户开发和提供供应链解决方案，以整合整个供应链的职能为重点。第四方物流将第三方物流加以集成，向上下游的客户提供解决方案。在这里，第四方物流的责任非常重要，因为它是上游第三方物流的集群和下游客户集群的纽带。行业解决方案会给整个行业带来最大的利益。第四方物流会通过卓越的运作策略、技术和供应链运作实施来提高整个行业的效率。

二、物流电子商务模式

近年来，北京、上海、深圳等物流业相对发达地区就出现了所谓的"第四方物流公司"：尤其伴随着电子商务的兴起，一些物流企业以第三方物流公司为主，开始探索物流同电子商务的结合，为物流业解决一些实际问题，逐渐形成了"物流电子商务"的发展模式，出现了第四方物流的雏形。但是，这种模式只能停留在被动地为企业提供物流信息的层面，对物流资源的整合能力非常有限。在运营商实力不够、方方面面利益很难协调的情况下，这种企业自发的发展模式短期内难有作为。

三、物流公共信息平台模式

我国从政府到企业对物流信息化重要性的认识在不断提高，建立地区性或行业性的物流信息公共服务平台是政府推动物流信息化的主要手段，在东部发达城市几乎都建立了大大小小的物流信息平台。但据调查发现，除了一些电子口岸平台有一定实效以外，真正意义上的区域物流信息平台建设多数是"雷声大、雨点小"，未能对当地物流业起到实质的促进作用，从某种程度来讲，仅作为地方政府的"形象工程"。平台本身也不能实现盈利，主要靠政府财政补贴和做广告来维持。究其原因，主要是由于地方政府认识深度和建设力度不够；主管领导对该领域不熟悉，缺乏建设思路；推进过程中发现困难重重，知难而退等。

四、物流咨询与规划设计模式

随着各地政府和相关部门对物流的重视程度逐渐提高，政府需要专业物流管理咨询服务以支持物流业的可持续发展。与此同时，面对国内物流市场的不确定性，企业需要解决各种各样的物流问题，需要不断完善和应用先进的信息管理技术和物流技术。但由于企业在资源、人力、专业能力方面的限制，只有借助外部咨询的力量来扩展单个企业的视野，才能更好地预见和适应企业发展中出现物流的变化，因此接受各类物流管理咨询成为一种必然。在此背景之下，国内涌现出一批为政府和企业提供物流规划与设计的咨询公司，并将自己定位为第四方物流，形成了物流咨询与规划设计模式。

目前国内物流咨询主要的形式和内容包括：①区域物流规划。包括城市物流发展规划，物流基地、物流中心、物流园区规划以及保税物流规划等，此类规划主要以政府作为服务对象，以服务区域经济为主。②企业物流规划，包括对物流企业和企业物流的诊断、物流及供应链优化以及战略咨询、营销咨询、人力资源咨询、薪酬激励等方面。③新兴物流技术和信息管理技术咨询。包括自动化立体仓库、条码技术、RFID 射频识别技术、SAP 系统、数据库技术、GPS 远程定位技术、WMS 物流管理软件、ERP 管理软件等现代物流装备和技术的实施等。④物流培训。包括各种与物流相关的资格认证、业务等。

物流咨询公司具有独立的视角、中立的立场、专业的技能优势，可为企业缩短探索的距离，节省时间，避免走弯路，能够依靠专业知识，提升客户核心价值，帮助企业培养骨干，促进情报、资源共享。但大多数物流咨询企业的范围较小，掌控和整合资源的能力有限，往往只能从局部解决企业的物流问题，无法称为第四方物流企业。虽然不可否认其具备成长为第四方物流企业的潜质，但在我国由于物流咨询发展时间不长，行业竞争无序，参差不齐的物流咨询机构充斥市场，空谈阔论、吹概念、卖系统设备的现象仍很突出，短期内很难成长为真正意义上的第四方物流公司。可将物流咨询业作为我国发展第四方物流的重要补充。

第四节　发展特征

一、服务性

第四方物流同第三方物流相比，其服务的内容更多，覆盖的地区更广。其工作范围远远超越了传统的第三方物流的运输管理和仓库管理的运作，还包括制造采购、库存管理、供应链信息技术、需求预测、网络管理、客户服务管理和行政管理等内容。第四方物流中心通过其对整个供应链产生影响的能力来增加价值，为客户提供迅速、高效、低成本和人性化服务。通过供应链再建、功能转化和业务流程再造，将客户与供应商的信息和技术系统一体化，使整个供应链规划和业务流程能够有效地贯彻实施。

第三方物流由于缺乏对企业物流系统的决策规划，缺乏对整个物流系统及供应链进行整合规划所需的技术战略，无法有效解决互联网环境下的物流瓶颈。随着中国制造向中国智造的转变，对物流的服务提出了更高的要求，要求它们必须开拓新的服务领域。第四方物流中心系统提供战略决策的、由服务商参与、规划并整合的物流服务，从而为企业带来更大的服务价值，提供更多的增值服务，满足企业供应链全球一体化以适应跨国经营的需要，提高物流运营效率，降低物流运营成本，提高各方的资产利用率，实现多方共赢。

二、整合性

第四方物流既是服务者，也是整合者。第四方物流中心具有高度的物流资源整合能力，用创造集约化的物流方式来满足需求，在提高效率的同时降低成本。

（一）四方、三方整合

第四方物流是第三方物流的方案集成者，通过标准化、互联互通、融合协作来服务企业。第四方物流不产生物流的基本运作，基本运作都是由其规划和分配给第三方物流，并按照第四方物流设计的方案进行规划。第三方物流不大可能提供技术、仓储和运输服务的最佳整合。因此，第四方物流就成了第三方物流的方案集成商，它是建立于第三方物流和物流联盟基础之上并发展而来的一个新的物流模式。

第四方物流不是第三方物流的竞争者，而是其整合者。第三方物流企业的运力资源由第四方物流中心平台进行整合运营和系统调度，为客户提供综合性物流服务。

第四方物流不仅整合第三方物流的功能，还调集和组织自己的以及具有互补性的服务提供商的资源、能力和技术，以提供一个综合的物流解决方案。

（二）供应链协作

第四方物流通过领先的技术，加上战略思维、流程再造和卓越的组织变革管理，共同组成最佳方案，对供应链活动和流程进行整合和改善。将原先分散的商品流、信息流、物流合而为一，一站式解决物流运输、智能分拣、快递分拨、冷链仓储、金融结算、信息共享、车辆检测等现代物流需求，最终建立社会化资源高效协同机制，提升中国社会化物流服务品质。

第四方物流为同一行业中的多个客户发展和执行一套聚焦于同步化和合作的供应链解决方案，通过卓越的运作策略、技术和供应链运作实施来提高整个行业的效率，为各方带来极大的收益。

三、智能化

第四方物流是综合供应链解决方案集成商。集成商的角色，决定了其必须具备智能化要求；第四方物流所需要的最大资源就是自身的方案分析和规划，以及实施和监控的分析决策和规划能力，这与数字化密不可分；第四方物流零库存模式，柔性化、安全性、信息化，要求其必须通过大数据分析，促进组织优化和效率提升。

因此智能化是第四方物流供应链集成管理服务商的核心竞争力，第四方物流通过信息化、网络化的手段，把整个物流环节有机地组合起来，成为一个有效的运作体系。依托数据平台，对市场信息进行采集和挖掘分析，实现服务领域的职能创新和手段延伸，实现高效、安全、可控。充分利用 RFID、无线通信、GPS、云计算等现代化技术，通过自主开发运输管理系统和监控管理中心，实现运输路线、运输资源的科学配置。

在软件方面，通过数字化分析工具和设计、精准仿真演算可行计划，实现综合物流服务的平台化、一体化、自动化、智能化；硬件方面，采用自动分拣系统、自动堆垛系统、立体仓库、智能包装等现代智能设备。通过数智化软硬件支持对各业务执行工作协同集成管理，保证各部门分工明确、信息畅通、配合协调，实现整合供应链全环节的服务能力。

智能化在四方物流的整合协作过程中起到了催化剂的作用，整合和优化了供应链内部和与之交叉的供应链的运作。第四方物流有跨界、跨区域的共生特点，通过 AI 算法、物联网、SaaS 平台、RPA 等高新技术，可以实现"物流多项+"。

四、产业化

第四方物流中心需具有完整的组织结构、资源配置渠道、产业服务内容和服务对象、运作规范和技术、财税框架和管理制度。

（1）具有可衡量其产业水平的产值。第四方物流的水平应该能依据统一的统计口径，能运用经济、数学的相关知识进行定量分析。第四方物流是一个以追求经济利益为目标的产业组织，其产业产值水平也需得到具体衡量。

（2）由多个相对独立且分散在多个行业、业务性质相关但目标一致的经济组织组成物流产业，横跨交通运输业、仓储业、包装业、流通加工业、物流信息业、配送业等多个行业，第四方物流将许多零散的、以前单独运作的行业有机地组合起来，将若干行业的互补性知识运用于集成化供应链管理中，形成产业集群，追求更多的经济利益。

第五节　发展思路

一、第四方物流中心的基本理念和规则是竞合观念

第四方物流强调对社会资源的整合，即管理咨询业、IT业、现有的第三方物流及其他的相关企业间的合作，并合理调配其资源。就目前的企业来说，暂时没有经济主体具备单独为某个客户提供集成物流方案的能力，需凭借和其他第三方物流企业或者客户的物流子公司进行合作，因此第四方物流中心必须采取利益共享、协同合作的方式。

二、第四方物流中心的基本组织形式是集成化供应链管理

集成化供应链管理思想要求供应链企业根据客户的需求，制订集成化的计划，再根据计划重组传统的业务流程，最后实施，因此集成化供应链管理既能使传统企业满足客户日益提高的物流服务要求，又能促使企业自身产生基于供应链的物流系统规划与实施的高需求，为第四方物流企业集成管理咨询、信息技术、第三方物流运作经验等各种互补性提供理论依据，也使第四方物流企业在提供服务时以集成化供应链管理的

思想为指导进行物流规划设计并监控实施。

三、第四方物流中心的基石是信用体系

第四方物流中心的信用不仅包含企业的诚信，还包含企业合作精神、政府信用等。第四方物流的成功运作需要实现政、企之间以及不同企业之间的精诚合作。第四方物流服务商提供的是基于供应链管理的系统化方案，需要供应链之间很好地协作，这种互补性知识资产的有机集成均需以良好的信用为重要基础。

四、第四方物流中心的主要手段是信息技术

技术的创新与发展大大提高了物流管理活动中辅助决策、信息传递、支付结算、数据管理、客户服务等环节的效率，使物流信息得以及时、准确地传递。第四方物流服务商在服务中为供应链客户搭建一个信息共享平台，实现整个供应链的物流信息共享，进一步实现整个供应链的系统化管理。合理利用信息技术，有助于对互补性的管理咨询、第三方物流运作知识的集成，为提供系统化的方案打下基础。

第六节　第四方物流中心功能

一、对区域物流资源进行规划和整合

根据郑州区域经济发展和区域内产业结构的特点，完善物流基础设施建设，培育、聚集、整合区域内各类物流资源，建立满足区域内生产和消费所产生的物流需求，包括运输、仓储、流通加工、配送等物流活动的一体化运作模式。

二、物流系统的规划与设计

第四方物流对物流系统进行科学而合理的规划与设计，使其能最大限度地满足客户或社会对物流的需求。第四方物流针对具体的物流活动和社会物流需求做出物流服务承诺，给出方法、措施以及建议，形成规划或设计报告。

三、供应链管理

第四方物流提供一个全方位的供应链解决方案来满足供应链上下游广泛而又复杂的需求，关注供应链管理的各个方面，通过各个环节计划和运作的协调一致，或通过各个参与方的通力协作来实现，使供应链管理得到真正的显著改善。

四、对物流园和保税物流中心资源整合

对区域内物流园和保税物流中心（如集装箱堆场、仓库、保税仓库、冷库等）规划各种物流基础设施，并对其进行可行性分析、资源优化重组，吸引优质物流企业进驻园区进行物流活动等。

五、为国际物流系统提供一体化运作模式和政策建议

国际物流一体化使整个物流系统成为一个高效、平稳、可控的流通系统，提高流通效率和效益，实现科学化的物流管理，适应经济全球化背景下的"物流无国界"发展趋势；通过第四方物流，设计并建立一体化运作模式的国际物流系统，降低物流费用，减少流通环节，节约流通成本，提高客户服务水平，使企业在国际贸易竞争中拥有绝对优势。

第七节　发展战略

一、打造专业第四方物流品牌

鼓励有实力的物流企业打造专业第四方物流品牌，为企业提供完整的供应链解决方案，做好策划、统筹设计，把企业各个环节、企业的各种业务运作联合在一起，使企业资金周转速度能够更快、更灵活，有效降低风险。培育及吸引头部供应链服务企业，提供第四方物流服务，抢占第四方物流市场，帮助企业整合资源，优化资源，针对企业自身特点，设计一套个性化供应链全方位解决方案，让客户在最短的时间内以最低的成本得到最大的价值，塑造第四方物流品牌。

二、大力发展第三方物流企业，提高物流产业水平

第四方物流是在通过第三方物流整合社会资源的基础上再进行整合，只有大力发展第三方物流企业，第四方物流才有发展的基础。培育大型物流企业集团，既可以在不增加资本投入的情况下提高物流业的效益，又可以为企业创造"第三方利润源"。

三、建立公共物流信息平台

第四方物流的发展依赖于网络的铺展和建设，物流服务区域和范围的扩大，取决于物流网络构架的布局和拓展；建立公共物流信息平台，推动接口标准化，通过互联网的形式整合物流企业资源，拓宽服务半径，加快企业间的联盟与合作，做到资源共享、互助互利、紧密衔接、整体提升。

四、制定物流服务标准化和规范化体系

在第四方物流平台上推行网上市场交易格式和程序的标准化、服务标准化和规范化体系，推广标准化、系列化、规范化的物流设备设施和信息技术，逐步形成基于标准化的交易，并要求从信息发布开始就纳入合同规范，在第四方物流的各个环节制定标准，并严格贯彻执行，实现整个第四方物流系统高度的协调统一，提高第四方物流系统管理水平。

第八节　政府在建设中的职能

一、培育功能

政府应培育一批优势物流企业，以适应竞争激烈的国际物流市场，政府可通过多种形式，对能够作为第四方组织主体的物流企业加大培育力度，将其培养为具有国际竞争力的现代物流企业。政府培育和发展第四方物流要遵循客观经济规律，运用市场机制培育，不能干预企业自主决策。

二、扶持功能

在第四方物流市场培育节点，政府要采取必要的扶持政策和扶持措施，促进其健康成长。要将政府的扶持政策和扶持措施落到实处，充分运用政府综合统筹各方力量的优势，弥补市场机制的不足，扶持第四方物流企业和市场稳步发展。政府对第四方物流市场的扶持还体现在对第四方物流基础设施建设的投入上。从更广泛的意义上讲，第四方物流产业发展所需的这种基础设施具有一些公共物品的特性，这些基础设施投资大、回收期长，单凭某个企业无力承担全部投资费用。这些设施的建设需要由政府来投资或进行组织协调。因此政府应当发挥引导者和促进投资者的角色，引导企业或有条件的个人参与到基础设施的建设中来。

三、引导功能

在第四方物流市场培育起来之后，政府要继续肩负起规划引导的重任。任何产业的发展都必须坚持以企业为主体，但政府的作用也非常重要。政府应从客观上把握正确方向，科学制定第四方物流发展规划，将有限的资金投入到亟待解决的地方，为建立现代物流服务体系打好基础。政府有责任倡导和鼓励工商企业逐步将生产制造领域以外的原材料采购、运输、仓储和产品流通领域的加工、整理、配送等业务分离出来，按照现代物流的要求进行整合或重组，进一步促进第四方物流市场的发展。

四、监管功能

一个完善的社会化物流网络的建立和健康有序的物流市场环境的形成，离不开政府的宏观统筹规划，也离不开适当的监管和规制。

第四方物流市场要健康发展、公平竞争就离不开政策法规的监管和指导，这些政策和法规的制定理所当然应由政府来完成。政府应根据物流产业发展的客观规律，借鉴国外第四方物流发展的先进经验和我国的具体情况，制定适合我国第四方物流实际情况的政策法规。

五、服务功能

服务是政府的本位功能。就第四方物流市场而言，政府的服务功能集中表现在运作秩序的维护上，即在法律基础上保证第四方物流市场竞争的有效性和公平性，保护第四方物流各参与方的利益，实现市场力量的均衡，进行意识形态和教育领域的投资。

第六章

规划视角：郑州打造国家
第四方物流中心规划

第一节　发展模式

在郑州建设第四方物流中心产业基地，形成以"国内一大园区对接国际一百个园区"的创新发展模式，即以行业协会为支撑，赋能平台发展，用平台聚焦、协调、监督、服务 IT 服务提供商、第三方物流服务提供商、管理咨询服务商、其他增值服务提供商以及供应链上下游企业，形成物理上和平台上的集聚效应，并以平台为整体推入"一带一路"及全球化发展中，实现平台的国际化联系，进一步将国内各类型服务企业推向国际市场，促进我国第四方物流中心的发展，形成新的经济增长点。

第二节　第四方物流平台功能

一、运输政务服务

本功能的核心为政务信息服务，具体包括以下几个方面：

（一）政务新闻公告

将政府主管部门和运输管理部门的政务动态及时向社会公布，使广大公众和运输企业能够随时掌握政府主管部门的政策和管理动态，使企业能及时调整经济策略，规划经营行为。

（二）政务信息网上公示

对政府主管部门及运输管理部门的政务信息进行公开，包括单位简介、领导介绍、行政职能、机构设置以及各机构职能，并提供各部门的地址、负责人、联系电话、工作时间等信息，提供有用的各类政策法规文本的浏览和下载。按政策法规的发布单位和性质可以分为法律、行政法规、地方性法规、部门规章、政府规章、部颁规范性文件、政府规范性文件、局颁规范性文件、其他相关法规等。

（三）运输行业公共信息

运输行业服务中介机构（如行业协会）可通过第四方物流平台，发布运输行业的相关公共信息，如行业发展动态、行业管理部门的决策和管理动态、运输规划与研究动态，以及国内外相关重大事件的报道和评论等，使运输经营者时刻掌握行业最新动态，用以指导企业经营决策。

（四）运输管理政务指南

对运管、公安（交警）等各种相关行政申请、许可的流程、所需材料进行公示，提供各类申报、申请、登记、许可、备案的表格、文书下载，对各类规费征收的依据、征收对象、征收标准、所需资料、办理单位、办理地点、联系电话进行公示。

（五）车辆与驾驶员信息查询

通过与公安局公安系统互联，可以对车辆行驶证信息、驾驶员身份证信息、驾驶证信息等进行查询。让货源企业在选择运输企业时，能通过第四方物流平台了解运输企业、运输车辆和驾驶员的资质，以及运输企业的信用记录。

二、网络货运平台服务

（一）供求信息发布

第四方物流网络运输平台是否能够运营起来，最重要的是各运输实体企业能否上网发布货源、车源信息。网上发布的信息规范、透明、真实、快捷、丰富、时效性强，可以有效促成交易。发布信息的格式、内容的标准化程度，直接影响到下面交易的撮合成功率，通过对货源、车源信息发布标准进行规定可以杜绝无效信息的产生，并且方便平台的交易撮合；核心会员在发布信息中还可以根据信用制度确定发布的范围以及自定义交易的撮合规则，从而找到符合自身要求的合作对象。

第四方物流平台为会员单位提供各种信息发布渠道，包括货源信息、车源信息、专线信息、仓储信息以及相关设备转让信息等各类物流供求信息，并根据会员单位的信息指数高低及发布时间在平台上进行显示排序。

（二）信息匹配

信息匹配是第四方物流平台进行交易撮合所必需的信息查询功能，能够帮助会员快速找到与自己资源相匹配的需求信息以及自身需求所或缺的资源信息。第四方物流平台的信息匹配包括自动匹配和手动匹配，其功能实现如下：

自动匹配主要是对会员货源和车源的自动化信息匹配，当会员进入会员工作区的商务中心，在陆运信息管理中查看自己发布的货源和车源信息，系统会根据默认的匹配条件与其他会员发布的资源信息进行自动匹配，并显示匹配后的结果。会员在匹配信息中心选择最为合适的信息进行交易询盘，当匹配信息过多时，会员可另外进行条件限制，进行更深一步的筛选，获得最理想的信息。

手动匹配可以查询所有的信息，包括货源信息、车源信息、专线信息和仓储信息等，会员根据所查询信息的不同类别，输入相应的搜索条件，系统根据这些条件进行匹配查询并显示匹配结果。会员根据系统结果，进行交易询盘。

（三）合同签订

会员在第四方物流平台通过信息的匹配和查询，掌握相关商务信息，并通过站内询盘和其他通信工具与对方会员进行洽谈，并最终签订合同。第四方物流市场对运输合同进行了规范化设计，明确交易双方的责任和义务，可有效保障交易双方的合法效益。

（四）支付结算

第四方物流市场为方便会员进行网上交易，真正实现物流的电子商务服务，设计开发了网上支付结算功能，会员可通过网上平台进行未结算合同管理、账单管理和支付单管理。

目前对于托运方企业（如生产性企业）而言，托运业务与应支付金额属于物流部人员的职责，而具体划拨运费到银行账号往往属于财务部人员的职责，至少属于不同两人的操作，并且托运方与承运方之间运费的支付普遍采用月结付费方式。针对此情况，第四方物流市场为会员交易双方提供单笔付款和月结付款两种支付结算模式，交易双方需在交易合同中确定一种支付结算模式。从付款金融方式来讲，每种结算模式包括直接付款和信用付款两种付款方式。

（五）网上保险

第四方物流平台用户可以在平台网上保险服务专区选择相应保险公司进行网上投保，并产生电子保单，根据电子保单，进行网上理赔申请，并获得理赔结果反馈。

三、运输物流服务

（一）物流资讯

会聚第一手物流行业新闻，即时播报物流行业动态信息，涵盖海、陆、空、综合物流、进出口、海关要闻和操作信息，全面把握物流行业发生的最新资讯，提供给物流供需双方。

（二）物流跟踪

第四方物流平台提供网上物流跟踪服务，即 GPS 导航定位。该系统具有如下功能：

1. 系统权限管理功能

操作人员权限管理。为保障车辆信息安全和设备控制权不被乱用，系统根据各级监控中心的监控权限范围设置分级管理权限，并对系统操作人员进行分类权限管理。

2. 监控调度功能

实时监控功能。监控座席呼叫车辆，回传车辆动态及位置信息，可以实现单车呼叫、多车呼叫，区域车辆监控人员可以通过各种车辆信息回传方式随时查询车辆位置（经度、纬度）、车辆状态（行驶速度、方向、行驶里程、是否超载）等信息，并可以在电子地图上跟踪显示车辆的地图位置。

实时动态调度功能。监控座席可以向车载显示屏下发调度信息，可以随时进行语音通话，车载的电话组件可以实现免提通话，并有电话限拨功能，可实现打出或接听的禁止、无限制以及仅与固定的号码通话。

GIS 地图显示功能。在电子地图上可以实时显示车辆位置信息。可以将任意的某一个车辆设置为焦点车辆，在电子地图的正中央实时跟踪显示该车辆的位置信息。

电子围栏功能（也可用于实现电子签名功能）。监控中心可以远程启动车辆的电子围栏功能并设置电子围栏范围，该范围可以根据车辆行驶区域具体情况进行设置，并可同时设置是进入区域报警还是出区域报警。当功能开启后，车载终端将实时检测车辆目前所处位置，是否进出被设置的区域范围，一旦越界，则车载终端将向监控中心发送一次越界报警信息；当检测到车辆从界外返回到区域内时，车载终端也向监控中心发送一次 GPS 位置数据和车辆状态数据。

3. 轨迹回放功能

系统将记录并存储车辆的历史行驶记录，监控人员可以随时查询车辆在过去某时间段内的历史轨迹信息，列出历史轨迹列表，并在电子地图上直观显示车辆的行驶轨迹线路，加大了监管人员对车辆的监控和管理力度。

4. 车辆管理功能

业务管理功能。系统可以实现对入网的车辆进行逐一登记，建立并管理客户档案，对车辆及驾驶员进行规范化管理等。

信息查询功能。查询入网车辆的详细信息，包括车辆颜色、型号、编号以及车载电话号码等车辆相关信息。向查询车辆发送呼叫指令，可查询到该车辆当前的位置信息（经度、纬度）、状态信息（行驶方向、行驶速度等）。

分析统计功能。系统可以生成车辆运行信息的每日报表，查询、统计车辆的报警信息、里程统计信息、超载信息，对车辆及驾驶员、车辆组的日常运行进行规范化的分析、统计管理，并打印统计报表。

（三）供应链整体解决方案

供应链整体解决方案是第四方物流市场推出的特色物流服务功能。市场凭借先进的系统分析和筛选能力，组织专业的服务人员，开展系统化培训，为客户提供供应链解决方案。客户只需要在平台的引导下，进行简单的操作，即可提交供应链需求。第四方物流市场的专业服务人员，根据客户的需求，在整合现有资源的情况下，综合考虑企业的规模、资源情况、价格水平、服务质量、信用指数、交易方式、风险控制能力、货物跟踪及通关服务等，为客户提供整体供应链推荐方案。客户在几套推荐方案中，选择最合适的方案，即可与方案中的企业展开合作洽谈。

第三节　重点任务

一、培育第四方物流市场发展

郑州市政府积极调整视角、转变职能，重点扶持培育第四方物流市场发展。通过出台引导发展第四方物流的产业政策，包括支持第四方物流平台企业、有利于第四方物流市场主体集聚、有利于第四方物流市场发展、有利于各类企业实行非主营业务的物流服务外包的财政政策、金融政策以及担保政策等，促进相对分散的一、二、三物流企业适当集中，加大物流基础设施建设，协调全国或区域范围内的产业规划，打破行业垄断和条块分割，以促进物流产业的全面提升。

二、建设完善的运输基础设施，开拓新的贸易网络，带来贸易流量

以郑州空港为中心的多式联运网络有助于从货源地集疏分拨货物，从而有力地支持空港的货运枢纽发展，帮助枢纽机场建立新的贸易走廊并带来贸易流量。如新加坡樟宜机场充分利用其海空联运的优势，推动新西兰到欧盟的牛羊肉从新加坡中转，将新西兰的牛羊肉先海运至新加坡，再空运至欧盟，建立新的贸易网络，一方面提升新加坡机场的货运量，另一方面也促进相关贸易及产业的发展。

三、积极培育第四方物流经营主体

（一）优化第四方物流市场实施主体设计

按照上市公司的组织构架要求，采用服务外包的方式，组建第四方物流市场实施主体，明确出资主体和资本构成，实现投资主体多元化，

明晰企业法人治理结构，完善企业运营机制，优化第四方物流市场实施主体和银行的双主体设计，密切双方优势互补的联合运作关系，提升第四方物流市场的业务整合能力和综合竞争力。

（二）建立确保交易安全的会员制度

以确保交易安全、提高交易效率、保障交易质量为目的，建立第四方物流市场的准入制度，实行由核心会员和普通会员组成，以核心会员为主的交易主体制度。明晰会员的准入条件，与市场的权利、义务关系，健全会员的鼓励、奖励、惩戒制度，提高会员和市场交易的质量与水平。

（三）促进物流企业功能的有机整合，推动传统物流业向现代物流业转变

鼓励传统物流企业和其他投资者设立具有国际竞争力的现代物流企业，鼓励金融、保险、电信等机构及生产、流通企业与现代物流企业合作，以技术信息化和管理专业化为基础，提高物流企业的服务质量和市场竞争力。

（四）积极提高物流企业的国际化程度

扩大物流领域的对外开放，学习和借鉴国外现代物流企业的先进经营理念、管理经验和模式，鼓励国内外物流企业来投资、经营物流公司；鼓励和支持跨国公司在郑州设立采购中心，鼓励利用国内外资金、设备、技术参与郑州物流项目市场的建设和经营活动。

（五）加快第四方物流市场中介机构建设

鼓励依法成立有关物流信息传递、人才培训与引进、行情分析、业务交流等中介服务机构，促进现有中介机构增加服务功能、扩大服务范围，发挥中介机构在行业发展、行业自律中的积极作用。

四、完善第四方物流技术保障

（一）加快物流信息平台建设

充分运用现代信息技术，按照专业化、信息化、系统化和集成化的要求，建设物流公共信息平台。完善以电子身份认证、电子支付和电子数据交换等为基础的物流信息系统，提高物流信息系统的服务效率和质量。加强物流信息规范化管理，降低物流公共信息平台成本，鼓励物流

企业积极利用信息技术。

（二）加强物流信息平台与其他信息系统的协同共享

结合国家和省有关物流信息化标准，完善与海关、税务、检验检疫等行业管理部门的电子政务系统，与仓储、运输、空港及物流园区等物流信息系统，与银行、保险等金融服务机构的金融信息系统的信息沟通共享机制。统一认证管理，实现系统的软硬件、安全设备、客户服务和运营管理系统的共建共享。

（三）积极推广先进物流技术和设备标准

积极应用国家和国际性的物流术语、编码等标准，推广标准化、系列化、规范化的物流设备设施和信息技术，遵守国际通用条码标准体系。鼓励研究开发先进的运输、仓储、装卸等标准化物流专用设备，不断提高物流技术和设备设施的标准化水平。

五、优化第四方物流发展环境

（一）不断拓宽服务外包的内容和范围

鼓励各类经济组织集中发展核心业务，将软件研发与技术、业务流程、创意设计、产品购销、运输、仓储等委托给服务外包提供商处理、积极开拓第四方物流市场所需的财务管理、后勤管理、人力资源管理、数据处理及分析、客户服务等专业业务的服务外包，提供服务的专业化水平。

（二）逐步优化交易程序、拓展交易标的

第四方物流市场实施主体要编制科学交易制度、简化交易程序、优化交易流程、密切各单位之间的协助，以格式合同为基础，推行网上市场交易格式和程序的标准化、逐步扩展第四方物流市场经营对象和业务范围。

（三）加大对会员企业的支持

引导企业积极参与第四方物流市场交易，对在网上市场交易额达到一定数量的会议企业，按规定给予补贴，并在企业融资、企业推广、行政管理、人才培养、特许经营等方面予以优惠。

（四）加大对第四方物流市场实施主体的支持

为推动第四方物流市场发展，在第四方物流市场运营初期，给予一定的补助和其他支持，按规定对资金使用及市场培育业绩等情况进行绩效考核，提高政府资金的使用效益。

六、规范第四方物流市场秩序

（一）完善第四方物流市场的信用制度

加强第四方物流市场信用制度建设，建立以第四方物流市场为平台，以银行信用为主体基础，工商、税务、交通、公安等部门共同配合的信用信息体系，促进第四方物流市场的信用信息与其他政务信息的共建共享。逐步健全信用信息采集、评价、公布、授信、惩戒制度，形成具有规范市场、约束行为、联合惩戒功能的信用机制。

（二）健全安全监管的行政司法绿色通道

工商、交通等部门和机构单位以及公安、法院等司法部门要加强对第四方物流市场交易的同步监管，坚持守法便利、违法惩戒的原则，加强对经营单位的规范化管理，确保各项制度落实到位，依法查处各类违法行为，为建立统一开放、公平竞争、规范有序的第四方物流市场提供有效的行政保障和法律保障。

（三）完善第四方物流市场金融服务

对通过第四方物流市场网络平台进行的交易实现银行网上结算。推动网上支付基础设施建设，完善网上支付业务的结算规章，加强网上支付服务管理。建立由银行监管下的贷款支付和收取制度，保证贷款支付和收取安全，加速资金周转、防范支付风险。拓宽第四方物流市场交易的保险覆盖面，增强化解和抵御市场风险的能力。

（四）加强市场交易的规划化建设，完善第四方物流的规章制度

打破地区封锁和行业垄断经营，建立符合国际惯例和我国法律规定的物流服务体系和企业运行机制。第四方物流市场实施主体、各会员企业和金融机构，要优化交易程序组合，建立健全交易、结算制度，提高交易效益，降低交易成本。

（五）及时化解交易纠纷，保障第四方物流市场和谐发展

第四方物流市场实施主体要发挥主导作用。建立健全相关制度，预防和及时化解第四方物流市场各方的纠纷。充分发挥和解、调解、民商事仲裁等途径的积极作用，及时解决交易纠纷，维持正常的交易秩序。

七、加强组织领导和工作机制保障

（一）加强第四方物流市场发展的组织保障

成立第四方物流市场发展领导小组，研究和协调第四方物流市场发展中的重大问题，领导小组下设办公室，承担第四方物流市场的日常管理工作，加强与各成员单位的沟通交流，切实发挥综合组织协调作用，培育和促进第四方物流市场健康发展。

（二）加强 4PL 市场发展的工作保障

各部门、单位要服从市政府，服务于发展第四方物流市场的工作大局，把加快推进第四方物流业发展作为抓住发展机遇、调整经济结构、转变增长方式、推进创业创新的实际工作，摆上重要议事日程。在直属单位要加强与上级部门和有关业务部门的沟通联系，努力促进第四方物流市场的健康发展。

八、强化专业人才的培养和使用

推进就业人才培养，在物流就业人才中普及第四方物流知识和技能，开展企业家和物流管理人员培训，提高第四方物流组织和管理能力。支持企业与高校联合培养第四方物流人才，对相应的学科建设提供必要的资金；鼓励企业引进专业物流人才，并根据第四方物流企业发展需求，从人才落户、购房、税收等角度给予政策优惠。

第四节　项目承载

一、基于郑州空港航空物流枢纽的第四方物流中心建设：因地制宜，与区域原有产业基础充分结合

第四方物流的构建离不开货源的支撑，除了基地货运航空公司带来的中转货源外，最主要的就是本区域产业带来的腹地货源。结合郑州都市圈经济社会发展特点和发展定位，将航空因素注入原有产业门类中，可以做大本地原有比较优势的产业，也可以最大限度地促进原有产业门类的变化发展，提质增效，促进产业链的延伸与拉长。如荷兰的鲜花贸

易与航空要素的结合，使全世界 80% 的花卉产品的拍卖在阿什米尔（世界最大的鲜花拍卖市场，坐落在荷兰阿姆斯特丹机场附近）举行，然后通过荷兰皇家航空高效地售往全世界。在这个网络中，花农、鲜花拍卖行、花卉批发商与出口商、物流企业、阿姆斯特丹机场、荷兰皇家航空公司等组成了一个鲜花贸易的生态圈，使荷兰的花卉贸易发展为全球贸易，并成为其重要的经济支柱之一。

二、发展国际贸易，引进及培育航空关联型的产业

发展国际贸易，将有助于航空货运枢纽的建设。如新加坡樟宜机场，依托其专业高效、国际化水准的服务，是世界首个经 IATA 认证的药品处理卓越中心和世界首个 IATA 药品处理独立验证机构卓越中心（CEIV），为新加坡成为亚洲最富活力的生物医药中心提供了有力保障。其生物医药产业的发展为新加坡机场带来 1/3 的货量，进一步促进了新加坡航空货运枢纽的形成。

三、发展现代服务业，发展总部经济

重点吸引全球物流企业 50 强、全国物流 50 强、商贸类企业 50 强等企业区域总部、分拨和转运中心、结算、运营和研发中心等落户，引进一批全球领先的平台型供应链企业，做大做强区域分销分拨、大宗物资交易、跨境贸易、保税通关、产业金融、创新协同等平台服务功能。发展全球航空物流枢纽建设，招引国内外知名货代、货运、报关、结算、跨境电商、供应链管理等头部企业，打造供应链服务企业总部基地，发展总部经济。聚集金融服务、信息服务、中介、贸易等服务多元化服务企业，与航空物流业的发展相辅相成，带动第四方物流的发展。

四、打造信息化、数字化、智能化的航空货运枢纽

在航空货运枢纽的建设中，利用物联网、云计算、人工智能、区块链和大数据等新一代信息技术充分发挥信息管理系统功能，在各个保障环节形成信息监督流转，形成信息闭环，提高工作效率，提升货运保障效益及收益水平。与第四方物流平台进行接口对接，将政务信息、航空

货运信息实时连接，提高第四方物流平台服务水平。

五、集聚物流服务，发展多式联运

整合港区周边自由贸易区（保税区）、物流园区、国际陆港等物流服务资源，集聚物流服务，发展公、铁、空多式联运体系，提供多式联运物流服务，为第四方物流的发展奠定基础。

六、推动跨境电商发展

依托综保区政策及功能，创新发展跨境电商，形成跨境电商直购进口、网购保税进口、跨境商品展示体验等业态；结合综合保税区和保税物流中心（B型），形成"前店后仓+快速配送"新业态融合发展模式，带动相关产业发展，为第四方物流的发展提供有力支撑。

第五节　保障措施

一、制定有利于第四方物流发展的政策措施

在第四方物流市场培育阶段，政府要采取必要的扶持政策和扶持措施，促进其健康成长。在第四方物流市场发展过程中，政府要充分运用其综合统筹各方力量的优势，一方面充分利用市场机制在资源配置方面的作用；另一方面要发挥政府的作用以弥补市场机制的不足，做到市场竞争秩序的公平、公正、公开和统一，努力降低市场运行的政策和法律成本。

二、建立和完善 4PL 运行机制

政府对第四方物流的治理应该依靠完善的运行机制来完成。目前，我国物流业存在许多问题，无法通过一项或几项政府政策来解决，必须靠机制，政府应该把物流运行机制建立起来并保证其运行，积极推动物流业对内、对外开放，制定有关产业政策，促进第四方物流在中国的健康、快速发展。

三、形成适合第四方物流发展的社会环境

（一）提高人们对第四方物流的认识

目前，我国对第四方物流的认识还处于一种朦胧的状态，有许多人对第四方物流的发展还报以怀疑的态度，并没有认识到发展第四方物流的战略意义。因此，政府部门应该加强宣传的力度，帮助企业充分认识发展第四方物流的作用，并鼓励企业向第四方物流发展，使我国能尽早大力发展第四方物流，从而促进国民经济增长。

（二）积极参与和组织物流行业协会

政府参与和组织行业协会，积极支持这一社团组织对政府、行业和企业的服务工作，为促进第四方物流的健康发展，发挥其参谋、咨询和桥梁纽带作用，使其成为政府发挥协调服务职能的一大得力助手。完善物流行业协会组织，逐步建立全国及地方的物流行业协会组织，将以往政府过多的管理职能逐步过渡，交给行业协会行使。加强行业协调和行业自律，并从法律法规上加以支持，对物流行业协会组织的功能、作用、职权以及与政府相关部门的联络和沟通做出法律规定，使物流的管理逐步与国际惯例对接，发挥民间组织所固有的协调功能和专业知识的作用。

（三）加强政府部门之间的协调

第四方物流的发展需要政府部门之间的协调。国家应建立和加强协调合作的工作机制，由发改委牵头，交通、铁道、民航、内贸、外贸、工商、税务、海关、检验等有关部门参加，在九部委物流工作会议的基础上，成立物流协调机构，统一领导和协调全国的物流发展工作。加强对发展物流的整体筹划，抓紧进行中国发展第四方物流的规划与协调工作，明确并合理划分物流行业的管理职责，在政策上予以有力支持，形成适合第四方物流发展的产业市场结构。

四、营造第四方物流发展的经济环境

（一）编制第四方物流的发展规划，加大物流基础设施建设的投入

第四方物流的发育需要有配套的综合运输网络、完善的仓储、先进的信息网络平台。从发展战略的角度看，对于交通枢纽、工业基地、商

贸中心、物资集散以及口岸地区等重点区域，均需要建设综合配套的基础设施，包括具有一定规模和区位优势的物流园区、物流基地、物流中心。目前一个非常突出的问题就是与物流相关的部门和企业都在规划建设物流基础设施，互不关联，缺少互动，极易造成功能单一或重复投资、重复建设，不能发挥投资综合效益。国家应该编制第四方物流发展规划，重视对物流基础设施规划建设的统筹规划，特别要加强对中心城市、交通枢纽、物资集散口岸等大型物流基础设施规划建设的统筹与协调工作，对于较大规模的物流中心建设，应该与城市的目标定位相结合，与所在地区的发展远景和物流条件紧密结合。在政府部门组织做好全国的、地区的和行业的全面发展规划，并在进行充分论证的基础上，鼓励国内不同所有制投资者和外商投资企业参与建设，可采用"谁投资谁受益"的物流项目业主负责制的办法，以保证项目建设的进度、质量和投入运营后的效益。物流基地的建设，要兼顾近期需要和长远发展，注重硬件建设和软件管理相结合。政府部门对公益性物流基础设施的建设，可在土地、资金、税收等方面提供优惠和鼓励政策。

（二）培育第四方物流市场

第四方物流的出现，是物流资源整合与现代物流发展的方向。第四方物流要充分发挥其在供应链上的整合优势，强化服务意识，完善服务功能，真正为用户优化物流管理提供有效的策划设计、组织、运筹和实际操作方案。政府部门在培育市场中应发挥推动作用，尽快形成一个第四方物流市场。

五、完善适合第四方物流发展的技术环境

物流标准化是第四方物流发展的基础，为了尽快制定与国际接轨的现代物流的国家标准，应该成立地方或全国现代物流技术标准化委员会，由有关政府部门、企业单位、专家学者、中介机构的代表组成，使地方标准和全国标准的制定互相促进。物流标准的范围和内容有物流基础设施标准、物流技术装备标准、物流管理流程标准、物流信息化标准等。标准制定应先急后缓，先易后难，成熟先行，分阶段分步骤制定完善，逐步形成我国第四方物流的技术标准化体系。政府主管部门还要注意发挥科研机构和社团组织的作用，可设立第四方物流专项科研基金、中外合作的第四方物流科研开发机构，对某些项目还可按照高新技术优惠政策执行，在安排技改项目、投融资、税收、折旧等方面予以有力的支持，以此推动第四方物流的研究与实践，加速第四方物流科技的创新，帮助企业尽快建立起统一的符合国际惯例的物流技术标准和服务规范标准，不断改进和完善中国第四方物流的技术设施和装备。

六、创造第四方物流人才的培养环境

第四方物流的发展需要大量的人才，人又是物流系统的主体，我国目前非常缺乏物流专才。为此，应针对物流业不同层次对专业人才的需求，由政府主管部门通过社会调查和预测，提出不同发展时期所需的人力资源计划，通过不同渠道，采取长期培养与短期培训、学校培养和在职培训、国内培养和出国培训等多种方式，加速物流人力资源开发和培养。从中国加速物流发展对人才的长远需求考虑，国家教育主管部门根据发展趋势和需要分布，在一些大专院校和研究生院设置必要的物流专业，有计划地扩大招生指标，保障能及时向社会输送高素质的物流专业人才。同时，积极鼓励物流企业与相关科研咨询机构和大专院校进行资本与技术的融合，通过物流产学研紧密结合，形成利益共同体，充分发挥各自的特长和优势，面向企业和市场的需求，对发展中国物流业相关的重要理论和技术问题进行攻关，并将研究成果运用于生产服务中。

第七章

案例分析：第四方物流枢纽经典案例

　　基于第四方物流与特征的内涵，遴选国内外各具特色的物流枢纽，梳理建设第四方物流的经验。上海港以数字化为抓手，推进政企深度合作，加强客户协同运营，整合资源和业务流程，进行战略再造革新，形成了"集聚资源—整合业务—战略革新"相结合的智慧型第四方物流建设模式，目前上海港智慧型第四方物流模式已经初步形成。天津港基于政策引导和自身发展诉求，以高水平技术为工具，以高质量运营为方法，构建了"政策—技术—运营"相结合的绿色型第四方物流建设模式，目前天津港绿色型第四方物流模式初具雏形。中国（广东）自贸试验区以制度创新为抓手，以优化营商环境为抓手，以跨境物流便利化为手段，打造"海陆空铁"立体体系，为客户提供一体化运营方案，推进整个区内的供应链迭代升级，构建了"制度革新—业务重组—系统升级"相结合的制度创新型第四方物流建设模式，目前中国（广东）自贸试验区建设制度创新型第四方物流模式已经取得一定成绩。德国法兰克福市一方面整合"空—铁"资源，开展运输模式创新；另一方面依托物流设施重点发展总部经济、金融证券、会展贸易、旅游酒店等现代服务业，形成了"产业—物流—贸易"相结合的商务贸易型第四方物流发展模式，目前已经取得了较多经验，拉动整个城市的经济发展。

第一节　上海港：初建智慧型第四方物流，
创新发展数字航运

一、上海港智慧港口建设背景

迄今为止，关于智慧港口相关概念的诠释较多，但是实践界和理论界普遍认可：智慧港口是以传统港口设备为基础，以高效能、低成本、智能化为运营原则，在港口运营的各项环节中引入云计算、物联网、人工智能等新型信息技术的现代新型港口。为了鼓励港口发展数字航运和智慧运营，交通运输部等部门先后出台了系列政策。表7-1中列出了近三年的相关政策文件，可以看出智慧港口将是中国未来大力建设的重点工程，《关于推动交通运输领域新型基础设施建设的指导意见》（交规划发〔2020〕75号）文件明确提出，到2035年前瞻性技术应用水平居世界前列。这为港口等交通运输业开展智能技术创新与应用指明了方向和目标，也提出了更高的要求，也是上海港建设智慧型第四方物流枢纽的动力源之一。

表7-1 近年来智慧港口相关政策

时间	发布部门	文件名称	相关内容
2019年6月	交通运输部等七部门	《智能航运发展指导意见》（交海发〔2019〕66号）	重点部署了十大任务，包括提升港口码头和航运基础设施的信息化智能化水平；推进智能船舶技术应用；加强智能航运技术创新；加快船舶智能航行保障体系建设等
2020年2月	交通运输部等七部门	《关于大力推进海运业高质量发展的指导意见》（交水发〔2020〕18号）	到2035年，全面建成海运业高质量发展体系，绿色智能水平和综合竞争力居世界前列，建设规模适应、结构合理、技术先进、绿色智能的海运船队

续表

时间	发布部门	文件名称	相关内容
2020年8月	交通运输部	《关于推动交通运输领域新型基础设施建设的指导意见》(交规划发〔2020〕75号)	到2035年,交通运输领域新型基础设施建设取得显著成效。先进信息技术深度赋能交通基础设施……泛在感知设施、先进传输网络、北斗时空信息服务,在交通运输行业深度覆盖,行业数据中心和网络安全体系基本建立,在智能列车、自动驾驶汽车、智能船舶等逐步应用。科技创新支撑能力显著提升,前瞻性技术应用水平居世界前列

为了更好地推进智慧港口的建设,很多省(区、市)政府也在"十四五"规划中明确了具体的建设目标、建设内容和相关要求,如天津市明确了要在"十四五"期间实现智慧港口建设的重大突破;上海市要大力发展港口的数字贸易;江苏省要建设智慧航道、智慧港口等设施(见表7-2)。

表7-2 部分省(区、市)"十四五"规划提及智慧港口建设相关内容

省(区、市)	相关内容
天津	"十四五"期间,北方国际航运枢纽地位更加凸显,智慧港口、绿色港口建设实现重大突破
上海	以数字贸易国际枢纽港为重点,深化服务贸易创新发展。大力发展数字贸易,聚焦云服务、数字内容、数字服务、跨境电子商务等重点领域,做强要素流动、数字监管、总部集聚功能
重庆	强化港口分工协作和集约发展,加快建设结构合理、功能完善的港口集群,构建以港口为中心的"铁公水"多式联运体系,完善以港口、沿江物流园区和产业开发区为节点的集疏运体系,着力解决"最后一公里"运输问题。推动智慧航道、智慧港口建设
山东	开展交通强国智慧港口试点,积极参与绿色智慧港口国际技术标准制定。打造港口云生态平台,全面提升区域性港口、港城、港航、集疏运协同水平,建设智能集装箱码头,推进液体散货、干散货、件杂货码头自动化、智能化改造

续表

省（区、市）	相关内容
江苏	推进传统基础设施和信息基础设施同步规划建设实施，鼓励支持相关基础设施资源开放共享。打造全方位交通感知网络，推动智慧公路、智慧航道、智慧港口、智慧机场和智慧综合客运枢纽等设施建设
福建	建设智慧港口，打造无人集装箱码头示范区，推进机场智能化建设
广东	优化通关管理方式，持续拓展国际贸易"单一窗口"功能和应用范围，进一步推动进出口环节提效降费，继续压缩口岸通关时间。启动"智慧港口""自动智能化码头"建设
广西	实施智慧港口工程：建设钦州港自动化集装箱码头，打造"北港网"一站式服务平台、广西国际贸易"智慧湾"等系统

正是基于这样的政策背景，上海港开始加大信息化技术创新，对港区内的基础设施进行智能化改造，引进大量先进的智能化运输设备，同时在运营流程、管理机制上进行持续优化，营造了良好的港口运营环境，为建设智慧化港口夯实了基础。

二、上海港基本情况

上海港地理位置优越，地处中国长江入海口南岸，既能控长江咽喉，又能扼东海要冲，同时可以发挥江海联运的运输潜力。上海港水域面积 3620.2 平方千米，集装箱码头主要分布于洋山、外高桥、吴淞三大港区，共有集装箱泊位 49 个，集装箱桥吊 176 台，集装箱堆场面积 758 万平方米。其中，洋山港是深水港。2005 年 12 月，洋山港项目一期完成开港，2017 年底，上海洋山深水港四期码头开港运行，现已成为全球单体规模最大的全自动码头。上海港正在逐步形成以数字化为抓手，以智慧化为特色的第四方物流枢纽。

上海港是全世界首家集装箱吞吐量突破 4000 万标准箱的港口，自 2013 年起，上海港持续保持集装箱吞吐量全球第一。即便是在近几年疫情蔓延导致全世界港口运输拥堵的宏观背景下，上海港依旧破浪前行，在 2021 年完成了 4703 万标准箱的集装箱吞吐量。

2022 年，面临疫情的巨大冲击，上海港依旧攻坚克难，创造了历史新高的营业收入。根据上港集团①的财报数据，2022 年上半年，上港集团斩获 200.94 亿元的营业收入，同比增长 15.73%，净利润达 108.14 亿元，同比增长 24.04%，位居中国各港口首位，是位居第二位的宁波港净利润的 4.59 倍，更远高于连云港、南京港和盐田港等港口，形成了绝对领先优势（见图 7-1）。上港集团营业收入等财务数据的稳健增长既与其特殊的地理位置有关，又与其持续进行智慧港口建设，提升运营效率有关。可以说智慧化建设已经成为上港集团重要的竞争力，也为中国港口未来发展树立了标杆。

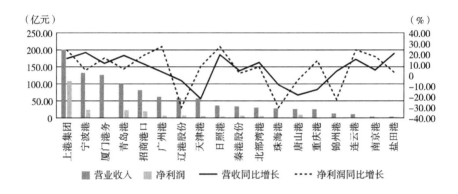

图 7-1　中国主要港口 2022 年上半年财务数据

三、智慧建设破浪前行，逐步建设第四方物流

上海港以数字化为抓手，推进政企深度合作，加强客户协同运营，整合资源和业务流程，进行战略再造革新，形成了"集聚资源—整合业务—战略革新"三位一体的智慧型第四方物流建设模式，目前智慧型第四方物流模式已经初步形成。

（一）上海港第四方智慧港口的建设阶段

基于政策红利刺激和自身提升竞争力的双重动力，上海港逐步推进了第四方智慧港口的建设。根据上海港的建设历程，可以将上海港第四方智慧港口建设阶段划分为四个发展阶段：

---

① 上海国际港务（集团）股份有限公司（简称上港集团）是上海港公共码头运营商，是全国首家整体上市的港口股份制企业。

第一个阶段是 20 世纪 80 年代，是上海港智慧港口的启蒙阶段，在这个阶段，上海港初步接触和了解了发达国家中领军港口的信息技术和信息化运营经验，为上海港逐步引入信息技术奠定了基础，但是这个阶段学习大于实践，更多的是初步摸索和简单探索。

第二个阶段是 20 世纪 90 年代，上海港开始进行港口信息化建设的实践探索，将学习到的国际经验应用到上海港，在港口物流信息存储、传输等方面进行重点建设，推进了信息化技术在港口的实践应用，实现了运营效率的初步提高，港口智慧化模式初步显露端倪，但是距离真正意义的智慧化港口仍有较大差距。

第三个阶段是 21 世纪初，信息化技术在中国各港口实现普及，上海港普遍基于信息技术不断降低运营成本、提高信息传输效率、提高智能管理能力，基于集成性信息技术的港口智慧化模式逐步形成，在部分领域已经具备了智慧化特征，为全面建设智慧化港口奠定了基础。

第四个阶段是近十年，港口信息技术的高端化应用得以推广，实践广度和深度均得到大幅提高，上海港龙头企业在港口智慧化领域中逐步塑造形成了独具特点的运营模式。在这个阶段，上海港在洋山港四期码头已经实现了全面自动化运营，无人化、智慧化运营成为洋山港四期码头的亮丽名片，建设效率得到了较大提升，整个港口建设趋向于全面智慧化。

经过四个阶段的持续建设，上海港正在以高科技、高效率、高水平的运营流程处理着巨量货物，在吞吐量等重要运输指标上节节攀升，处于稳健的高质量发展过程中。

（二）持续创新集成资源，智慧型第四方物流模式初现

上海港取得如此骄人的业绩，这得益于其多年来依托自身优势集成自身和合作公司的各类资源，大力建设智慧化港口，在数字化建设中持续布局，在多个智慧化项目上下"先手棋"，以数字化为抓手对供应链服务方案进行整合、集成、优化、革新，助力客户价值趋向最大化，已经初步具备了第四方物流的两个典型特点：

第一，打铁自身硬，上海港依托信息技术建设智慧港口，具备高效信息处理的技术能力，为企业信息化建设提供了服务支持平台，为自身吸引、集聚、整合、革新各类资源夯实了基础。2018 年 3 月，上海港

开始探索集装箱运输的无纸化交接单，至同年 11 月，上海港在大范围内全面推行交接单的信息化工作。至 2019 年底，上海港已经实现了各项业务的线上办理和数据信息化处理，避免了传统数据孤岛的存在，解决了传统运营管理联动性不足的难题，破解了信息割裂带来的运营不畅难题。随着信息化业务的广泛实施，上海港内部的整体通关时间已从 2017 年底的数天大幅压缩至几个小时，为港口各方节约了大量的时间成本和资金成本，成为中国港口业的通关效率标杆。2022 年 9 月，上海港的东北亚空箱调运中心正式启用，占地面积达 45 万平方米，具备 300 万标准箱年吞吐能力。东北亚空箱调运中心采用数字化、智能化的运营模式，集成港口内的各项数据，对港口各运营环节进行智慧分析，有效应对日趋复杂的港口业务和决策难题。

第二，基于自身优势，集成各方资源，打破业务割裂，搭建了客户、物流和信息供应商之间的桥梁，能为顾客提供一站式、网络化的物流服务，扩大了物流生态系统价值的系统性优势。一方面，推进政企深度合作，通过技术革新业务的数据平台。2021 年，上海海事局与上港集团达成战略合作，搭建政企合作框架，依托技术创新对供应链关键流程进行再造，将上海海事局管理的海事管理数据和上海港管理的物流数据进行无缝对接，双方联手创建港口综合信息智能服务平台，为在上海港和上海港的客户提供系统性信息。另一方面，加强客户合作，以数字化为抓手整合资源和业务流程。在协助企业进行有效战略分析的同时，为企业提供基于供应链的有效物流规划方案。近年来，上海港与越来越多的客户公司建立了战略合作伙伴关系，包括中远海运集团、长荣海运公司等。上海港通过大数据智慧分析和物联网技术，解决因进出口箱量不平衡所导致的季节性缺箱难题，将全球范围内的集装箱空箱通过水、公、铁等多种方式高效集聚至上海港内，在上海港内进行科学合理的空箱分配、分拨、配送，提高集装箱的业务运作效率，优化集装箱堆场的空间管理，科学调度集装箱配送机械，提高各类设备的运转效率，有效降低港口内各合作伙伴的业务成本。

上海港数年来一直通过数字化建设对各项物流业务进行赋能，通过技术创新驱动智慧港口的数字化建设，以数字化能力提升上海港的核心竞争力，创建更高效率、高智能的运营模式。通过一系列智慧化建设，上海港在国际循环和国内循环中发挥了重要的物流枢纽作用，为提高全世界资源配置效能贡献了力量，成为世界各国集装箱周转的重要"蓄水池"，也为上海及周边区域的经济发展提供了重要支撑。依据"十四五"规划，上海港将在"十四五"期间继续努力保持集装箱吞吐量世界第一，同时要实现上海港的综合服务水平、运营能力和科技应用达到全球领先水平。

（三）进行战略再造革新，建设洋山港四期自动化码头

第四方物流对战略革新和效率的持续提升有较高要求，上海港建设中就一直致力于持续进行战略再造和革新，最具代表性的是在原有优势基础上建设洋山深水港区四期码头（见图7-2），以智慧化方式全方位完成了行业资讯、信息系统、业务规划、业务流程管理等一系列活动。2017年12月，洋山港四期试运营，自试运营期间就展示出了强大的创新能力。洋山港是全球智能化程度较高的自动化集装箱码头之一，也是一次性建成投运、单体规模最大的自动化集装箱码头，形成了"集聚资源—整合业务—战略革新"三位一体的智慧型第四方物流建设模式。

图7-2　上海洋山港码头

洋山港充分发挥新型信息技术优势，高效集成信息化运营手段，全方位打通港口数据节点，极大地提高了港口运营的智慧化水平，成为全世界智慧港口的"领头羊"。洋山港是全流程、多要素、各节点智慧化

的"集大成者"，具体表现为：在运营模式上，将港口业务各方的信息和技术进行集成，形成系统一体化模式，洋山港充分依托各类现代化信息技术集成供应链上、下游的产业要素，建立集成化、系统化、精益化的大数据信息服务平台，为港口各方提供科学可靠的数据信息，打造产业链高效能协同的合作运营方式，进而形成合作共赢的产业生态圈。在生产组织上，洋山港实现了计划明晰化、调度智能化、数据可视化、决策高效化，在每个重要运营节点上实现了智慧化运转，比如 AGV 电动小车既能通过数据指令自动精准定位，又能根据电量情况进行智能充电。

依托智慧化建设，洋山港不断做大做强，提高港口附加值。在疫情冲击下，即便世界各大港口出现了运输拥堵，自动化装卸和智能堆场也保障了洋山港能通过自动化操作进行港口系统调度和物资运输，彰显了中国智慧港口的硬实力。截至 2022 年，洋山港屡创新纪录，助力上海港成为世界港口智能化革命的领军者，专利技术在 14 个国内外码头中加以应用，上海港由"大港口"成为"强港口"，传统的"老、大、黑、粗"形象被改变，中国港口的国际品牌形象得到了进一步提升。

洋山港四期码头的建设为整个上海港深入推进第四方智慧港口建设树立了样本，以洋山港四期码头为建设蓝本，对其发展过程中的优势经验和遇到的发展挑战进行凝练总结，并将其推广至整个上海港港区及中国其他各大港区，可以助力中国港口全面提升第四方物流建设水平，更有助于提高各大港口的运营效率和技术创新水平。

第二节　天津港：探索绿色型第四方物流，"三位一体"锚定双碳目标

一、中国绿色港口发展背景

《联合国气候变化框架公约》对气候变暖等系列环境问题的应对方案提出了要求，中国对此做出了庄严承诺和行动表率。2021 年，国务院发布《2030 年前碳达峰行动方案》（国发〔2021〕23 号）明确了未来几年的工作部署和具体任务，中国将在分类施策的基础上，推进各行

各业稳妥有序地开展安全降碳工作。

自古以来港口都是重要交通枢纽，随着国际贸易的逐渐开放和国家经济生产总量的提高，港口的重要性更加凸显。2021 年末，中国港口生产用码头泊位 20867 个，其中，沿海港口生产用码头泊位 5419 个，全国港口万吨级及以上泊位 2659 个。① 根据 2021 年末我国泊位用途（见表 7-3），可知我国港口在运输大型货物、化学危险物品等领域具有基础保障和运营支撑作用，但是传统运营模式下的岸桥、轨道桥、卡车每一个环节都在消耗着传统能源，港口一直是碳能源消耗大户，二氧化碳排放量也一直较高，对空气、海洋和陆地的生态环境影响较大。新加坡交通部长易华仁指出，国际海运占全球温室气体排放量约 3%②，建设低耗能、低排放、高效能的绿色港口，持续推进港区全方位的低碳运营，是我国各大港口迫在眉睫的任务。

表 7-3　　　　　　　　　2021 年末我国泊位用途　　　　　　单位：个

泊位用途	年末数	比上年末增加
专业化泊位	**1427**	**56**
其中：集装箱泊位	361	7
煤炭泊位	272	7
金属矿石泊位	85	0
原油泊位	93	6
成品油泊位	146	−1
液体化工泊位	270	31
散装粮食泊位	38	−1
通用散货泊位	**596**	**4**
通用件杂货泊位	**421**	**6**

具体实践中，我国各大港口近年来都在加速推进绿色港口建设，尤其是天津港等领军企业逐步推进绿色型第四方物流模式，整合各方资

① 交通运输部 . 2021 年交通运输行业发展统计公报［R］. 2022.
② 林涵，唐琪 . "一带一路"绿色发展新风将带来哪些新机遇？［EB/OL］.［2022-05-30］（2022-10-10）. https：//view. inews. qq. com/k/20220530A09ZLT00?web_channel＝wap&openApp＝false.

源，集成关键技术，优化业务流程在绿色技术、清洁能源技术上大力攻关，在能源结构上切实调整，在运营管理上贯通绿色理念，实现了全方位的绿色化变革，为建设绿色低碳、技术引领、低耗能高效能的新型绿色港口贡献了力量，为港口行业实现碳达峰和碳中和起到了引领示范作用，有助于港口行业在承担巨大运输工作量的同时，走环境和谐统一、协调发展的健康建设之路。

二、天津港基本情况

环渤海地区港口群是中国北部地区社会经济发展的重要支撑，天津港则是环渤海地区港口群中最重要的综合性港口，经过近 70 年的发展，天津港已经发展成为全世界最大的人工深水港，其中的天津东疆保税港区也建设成为中国面积最大的保税港区。

天津港占据重要地理位置，区位优势凸显，地处渤海湾西端，连接东北亚与中西亚，是"一带一路"的海陆交汇点，也是新亚欧大陆桥经济通道的主要节点，具有很高的政治战略价值和社会经济价值。

截至 2012 年末，天津港货物吞吐量全年完成 4.76 亿吨，集装箱吞吐量完成 1230 万标准箱；截至 2017 年末，天津港货物吞吐量完成 5.01 亿吨，天津港口集装箱吞吐量完成 1507 万标准箱；截至 2021 年末，天津港货物吞吐量全年完成 5.30 亿吨，集装箱吞吐量突破完成 2027 万标准箱（见表 7-4、图 7-3）。

表 7-4 　　　　　　　　　　　天津港吞吐量

年份	货物吞吐量（亿吨）	集装箱吞吐量（万标准箱）
2012	4.76	1230
2013	5.00	1300
2014	5.40	1400
2015	5.60	1800
2016	5.50	1450
2017	5.01	1507
2018	4.46	1601
2019	4.92	1730

续表

年份	货物吞吐量（亿吨）	集装箱吞吐量（万标准箱）
2020	5.03	1835
2021	5.30	2027

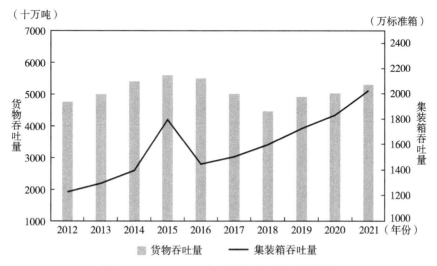

图7-3 2012～2021年天津港主要吞吐量数据

天津港的码头等级达30万吨级，拥有万吨级以上泊位128个，主要由北疆、东疆、南疆、大沽口、高沙岭、大港六个港区组成，拥有集装箱航线130条，同全球200多个国家和地区开展贸易往来。十年来，天津港不断提升运载能力和建设水平，货物吞吐量增长11.34%，集装箱吞吐量增长64.80%，2021年天津港集装箱港口吞吐量居于全球港口第八位。

三、天津港：绿色型第四方物流建设模式初具雏形

天津港基于政策引导和自身发展诉求，以高水平技术为工具，以高质量运营为方法，构建了"政策—技术—运营"三位一体的绿色型第四方物流建设模式。自2012年以来的十年时间里，天津港业务量取得了长足进步，集装箱吞吐量增长了64%，但是碳排放强度却下降了16%，数据升与降之间凸显了天津港在建设绿色型第四方物流模式上的

巨大付出和优秀成绩。①

（一）系统完善顶层政策设计

2019年1月17日，习近平总书记视察天津港时强调，"要志在万里，努力打造世界一流的智慧港口、绿色港口，更好服务京津冀协同发展和共建'一带一路'"。天津港作为交通运输部首批绿色循环低碳港口建设主题性管理试点单位之一，积极贯彻落实总书记指示，在中共中央、国务院、交通运输部、天津市相关政策（见表7-5）的基础上，逐步开展天津港绿色型第四方物流运营的顶层设计，基于系统性、科学性、流程性的原则，为合作伙伴和全体客户提供信息系统、业务规划、业务流程管理等一系列活动，全方位建设高标准的天津港低碳体系。

表7-5　　　　　　　　　　　部分相关政策

时间	发布单位	文件名称	主要目标
2021年10月24日	中共中央、国务院	《中共中央　国务院关于完整准确全面贯彻新发展理念做好碳达峰碳中和工作的意见》	到2025年，绿色低碳循环发展的经济体系初步形成，重点行业能源利用效率大幅提升。到2030年，经济社会发展全面绿色转型取得显著成效，重点耗能行业能源利用效率达到国际先进水平。到2060年，绿色低碳循环发展的经济体系和清洁低碳安全高效的能源体系全面建立
2021年10月24日	国务院	《2030年前碳达峰行动方案》（国发〔2021〕23号）	"十四五"期间，产业结构和能源结构调整优化取得明显进展，重点行业能源利用效率大幅提升，煤炭消费增长得到严格控制。"十五五"期间，产业结构调整取得重大进展，清洁低碳安全高效的能源体系初步建立
2022年6月24日	交通运输部等九部门	《科技支撑碳达峰碳中和实施方案（2022—2030年）》（国科发社〔2022〕157号）	到2025年实现重点行业和领域低碳关键核心技术的重大突破。到2030年，进一步研究突破一批碳中和前沿和颠覆性技术，形成一批具有显著影响力的低碳技术解决方案和综合示范工程

① 万红.志在万里　蓬勃兴盛［N］.天津日报，2022-09-14（001）.

续表

时间	发布单位	文件名称	主要目标
2022 年 8 月 10 日	交通运输部	《绿色交通标准体系（2022 年）》（交办科技〔2022〕36 号）	到 2025 年，基本建立覆盖全面、结构合理、衔接配套、先进适用的绿色交通标准体系。到 2030 年，绿色交通标准体系进一步深化完善
2022 年 8 月 25 日	天津市人民政府	《天津市碳达峰实施方案》（津政发〔2022〕18 号）	"十四五"期间，产业结构和能源结构更加优化，火电、钢铁、石化化工等重点行业中的重点企业能源利用效率力争达到标杆水平。"十五五"期间，产业结构调整取得重大进展，清洁低碳安全高效的能源体系初步建立
2022 年 4 月 20 日	天津市交通运输委员会	《天津市绿色交通运输"十四五"发展规划》（津交发〔2022〕73 号）	到 2025 年，交通运输领域绿色低碳生产方式初步形成，力争基本建成世界一流绿色港口

2020 年 9 月，我国明确提出 2030 年"碳达峰"与 2060 年"碳中和"目标。交通运输部提出到 2030 年要形成一批具有显著影响力的低碳技术解决方案和综合示范工程；根据天津市人民政府实施方案，"十五五"期间，清洁低碳安全高效的能源体系初步建立。天津港作为国际一流大港，是华北地区的重要能源枢纽，天津港的低碳建设不仅对天津市有重要影响，也会对整个港口的绿色建设起到引领示范作用。

近年来，天津港积极进行绿色型第四方物流建设的顶层设计，制订了具有较高综合性、集成性、系统性的供应链解决方案，并依照方案执行了系列制度及实施方案。天津港制订和实施《绿色港口建设专项工作方案》，以推进绿色港口、美丽港口和宜业港口为建设路径，科学提高绿色低碳的标准，既要建设陆上绿色低碳港口，又要建设海上绿色低碳港口，贯彻落实国家关于碳达峰、碳中和的系列部署和具体规定，多措并举推进提高科技创新能力，细化了十大方面共计 98 项的具体工作任务，在调整港口运输布局、对污染源进行精装防控等方面开展工作，全力构建本地绿色发展模式。

此外，天津港还基于国家高标准自身特色，从顶层设计入手构建了《天津港建设世界一流绿色港口指标体系》，天津港在"绿色"上下真功夫、狠功夫，构建的指标体系包括港口建设和运营的方方面面，以此监督推进以低碳为原则实施相关业务流程的系统重组，观测天津港上下游节点与天津港融合建设绿色港口的绩效，能够对港口持续推进低碳建设提供有效监督和全方位的指导，能够提升绿色型第四方物流的整体服务能力，能够促进天津港进行全流程的精益化管理，进而降低整个供应链的运营成本。

此外，基于顶层政策设计，天津港开展了一系列的技术创新、产业结构调整和运营优化，做到了以顶层设计促进各级政策配套跟进，以顶层设计推动各部门开展战略推进，以顶层设计激励、监督、考核绿色型第四方物流模式的各项建设工程，全方位地推进了绿色港口的高质量建设。

（二）持续锚定绿色技术创新

技术创新是推进绿色实施方案的关键支撑与重要抓手，天津港（见图7-4）积极推进低碳技术研发和实施，在引领港口绿色发展的关键技术上持续发力，以技术推动天津港能源结构变革，以技术实现低能耗绿色运输，以技术探索低碳双循环体系。经过持续攻关，天津港研发了一系列的高水平先进技术，获得了70多项高水平发明专利，成功攻克13项港口领域的国际难题。天津港一向重视研发投入，2019年，天津港研发投入1.16亿元，2020年天津港研发投入1.49亿元，持续的研发投入为技术创新提供了基础保障，引领了过去集装箱码头关键低碳技术发展。此外，天津港还取长补短，积极引入国际先进低碳技术，在港口内形成了勇于研发技术、善于利用技术的良好氛围。

图7-4　天津港码头

　　天津港通过能源结构改革，推进智慧绿色能源系统，成功建设运营了世界第一个零碳码头——天津港 C 段智能化集装箱码头。根据天津港 C 段智能化集装箱码头运营数据，运营百天以来共计运行约 2000 小时，节约标准煤约 1677 吨，减少二氧化碳排放超过 6000 吨。天津港 C 段智能化集装箱码头逐步推进风电、光伏发电等新型能源技术，摆脱传统能源发电方式，切实推进新旧能源动能革新升级，高效率开展各类设备的清洁化改造，并依托"源网荷储一体化"工程，对码头上的风机和光伏发电系统进行有计划的扩能，实现了 C 段智能化集装箱码头的装卸、水平运输和生产辅助各流程都采用绿色电力驱动方式，并且进行碳排放的实时监督和管控，确保无论是能源生产还是能源消耗，都切实做到了二氧化碳的动态零排放，为可持续发展提供了基础保障。

　　天津港大力推进绿色智能运输体系建设，走在 129 平方千米的天津港上，可以看见岸线长达 1100 米的北斗卫星基准站、采用温度和变频控制主海水泵的智慧拖轮、智能水平运输机器人（ART）、毫米波雷达、视觉摄像头、地面智能解锁站等多种高智能绿色设备。正是这些高智能绿色设备助力了低碳减排，达成了一次次的节能减排目标，也为天津港利用 5~10 年的时间实现码头、港区、整个港口全面零碳的绿色愿景奠定了坚实的基础和保障。

　　（三）多管齐下探索绿色型第四方物流

　　为了更好地建设绿色型第四方物流，提高整个港口的效率、效能，天津港开展运营流程的精益化管理，对业务涉及的流程进行整合，采取一系列工作手段提高港口运营效能，降低二氧化碳和二氧化硫的排放。2019 年至 2022 年 5 月，天津港先后 56 次打破各货类作业效率纪录，主要船公司航线效率全部位于世界前列。①

　　第一，采用协同运作模式整合各方资源，对客户提供全方位高质量服务。2020 年，天津港与厦门港务集团达成战略合作，双方共建"两港一航"合作，整合港口、航空方面各企业的资源，同时共同设定服务标准，加强产业链和供应链之间的衔接互动，通过两大港区的合作促进南北区域物流的贯通，双方联手服务共建"一带一路"，实现物流配

---

　　①　郭斐然，丁佳文 . 天津港，志在万里［J］. 求是，2022（9）：75-78.

送、信息共享、陆桥运输及口岸调度等多方面的战略合作和协同运营，从战略高度、资源能力、业务运转多个角度保障全世界供应链的稳定运营。此外，天津港还针对客户的实际情况，实施纾困解难惠企的系列举措，切实达成风险互担和利益共享。

第二，整合所有业务，建立全方位、网格化、精细化的绿色运营管理体系。天津港强调本质安全，率先在港区推行生产网格化管理，对整个港区内的生产进行全面化、动态化、层次化的管理，强调"定格、定人、定责"，通过先进技术手段对整个港区进行单元网格划分，明确每一个单元网格内的权力与责任，建立"纵向到底，横向到边"的港区全方位、全覆盖的绿色运营管理责任体系。确保了整个港区内的相关事项全部被纳入、常规的监管任务全部被落实、定期的检查信息全部被记录。

第三，依托领先的信息技术，为港区内所有客户提供绿色监测信息。为了更好地监测运营环节产生的碳排放，天津港还投资 2000 万元建设了我国首个可监测大气六项指标的港口生态环境（大气）智能监测平台，对二氧化碳、一氧化碳、PM2.5 等六项指标进行全天候的实时监测。该平台具备全覆盖、智能化的特点：一方面，该平台共有 174 个实时监测点，基本覆盖了港区内的重点区域和重点企业，能够实时报送各项监测数据；另一方面，监测平台会开展大数据智能运算，集成风速、湿度等指标的实时数据和预测数据，测算大气污染物的扩散指数和沉降指数，提示港区内相关企业做好环保预案。此外，监测平台一旦发现了某个区域或企业产生了超标能耗或是造成了污染，会第一时间启动自动报警机制，自动识别相关责任企业，并对其发送节能整改工单。[①]

第四，为顾客提供高水平的低碳一站式物流服务，确保港区内所有客户降低物流成本。天津港全面推广标准作业程序（SOP 工作法），将港区内的工作流程进行梳理和分解，确定每一个关键步骤的具体要点，并将这些要点标准化和细节化，同时将量化的细节用标准操作步骤加以规范，并用规定的格式加以记录描述，以此规范同岗位的所有流程和具

---

① 程玉. 天津港绿色发展再升级 ［EB/OL］.［2020-08-22］（2020-10-10）. http：// tianjinwe. enorth. com. cn/system/2020/08/22/050395103. shtml.

体操作步骤。通过标准作业程序，避免了不必要的运营环节，减少了运营成本，压缩了运营单位时间，提高了运营效率，从每一个运营步骤的精细化管理入手提高了整个港区的运营效能。此外，天津港在安全生产和运营效能上还开展了一系列工作，如蓝军督查等重大举措、专家驻厂式诊断检查、加大"四不两直"检查力度等，通过多种手段的联合开始、交叉实施、协同互补，全方位提高了天津港港区的运营效率，提高了天津港的绿色效能。

第三节 中国（广东）自由贸易试验区：建设制度创新第四方物流平台

一、中国（广东）自由贸易试验区基本情况

自由贸易试验区（Free Trade Zone，FTZ）是指在贸易和投资等方面比世贸组织有关规定更加优惠的贸易安排，划出特定的区域，准许外国商品豁免关税自由进出。2013 年 8 月 17 日，中国（上海）自由贸易试验区设立，区域面积 120.72 平方千米。随后，其中国（广东）自由贸易试验区、中国（天津）自由贸易试验区、中国（福建）自由贸易试验区等试验区先后设立，至今已经设立 21 个自由贸易试验区（见表7-6），这些自由贸易区是中国新发展阶段对外开放的改革典范，通过创新制度建设、集聚各方资源、深挖独有特色、增创特殊优势，21 个自由贸易区取得了一系列令世人瞩目的成就，外资准入负面清单条目从190 项减至 27 项，[①] 组成了中国对外开放的"雁阵"。

表 7-6 自由贸易区建设时间和地点

年份	地点
2013	上海市
2015	广东省、天津市、福建省

① 刘萌. 我国自贸试验区建设迎来 9 周年 制度创新助力打造区域经济"增长极"[N]. 证券日报，2022-09-29（A03）.

续表

年份	地点
2017	辽宁省、浙江省、河南省、湖北省、重庆市、四川省、陕西省
2018	海南省
2019	山东省、江苏省、广西壮族自治区、河北省、云南省、黑龙江省
2020	北京市、湖南省、安徽省

2015年4月21日，中国（广东）自由贸易试验区（见图7-5）挂牌，总面积达到116.2平方千米，包括南沙新区、前海蛇口片区、珠海横琴新区。中国（广东）自由贸易试验区自成立以来，不断深化制度改革，在制度的"首创性"和"差异性"上勇于创新，在投资环境建设、行政管理职能优化、金融制度创新等方面持续发力，无论是基础设施建设，还是投资软环境建设都得以大幅提高，中国（广东）自由贸易试验区通过"筑巢引凤"成功吸引大量优质投资和高端人才，同时不断提升对外贸易的枢纽门户作用，仅2022年上半年进出口额就已经超过2000亿元。

图7-5　中国（广东）自贸试验区

经过七年的高水平、高标准建设，中国（广东）自贸试验区持续推进现代化产业体系建设，在吸引固定资产投资、税收收入上稳健增长，外贸进出口虽然因疫情原因受到短期冲击（见图7-6），但是发展韧性依然强劲，发展空间仍可进一步拓展，发展趋势仍旧处于良性态势。

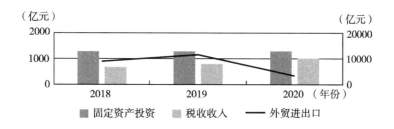

图7-6 中国（广东）自贸试验区部分经济数据

二、全面制度创新优化营商环境

中国（广东）自贸试验区以制度创新为抓手，推进整个区内的供应链迭代升级，逐步建设第四方物流体系。截至2022年5月，中国（广东）自由贸易试验区已经建设形成584项制度创新成果，其中，在广东全省相关范围复制推广改革创新经验共7个批次达146项。此外，中国（广东）自由贸易试验区根据自身经验进行凝练总结，先后发布了245项制度创新案例，案例中有41项制度创新属于全国首创，有7个案例列入全国最佳实践案例。

对中国（广东）自由贸易试验区复制推广的第1批次至第7批次的改革经验清单进行分析可知，中国（广东）自由贸易试验区自2015年就开始在制度上持续发力，首先在投资便利化、贸易便利化和金融创新上积极推进改革。2015～2021年，广东省人民政府共复制推广中国（广东）自由贸易试验区7批次改革创新经验，其中投资便利化共29项、贸易便利化共58项和金融创新共5项。

投资便利化改革呈现两个趋向：一是改革内容逐步精细化，从2015年进行"一站式"服务改革开始，逐渐精细化到2021年的创建自然人一人式税务档案，为人才投资提供了更为细致化的服务；二是改革内容逐步智能化，从2015年的电子营业执照和全程电子化登记管理开始，不断依靠信息化技术提高服务智能化水平，至 2021 年提出推广税务注销"智能预检"和构建"三位一体"智能诚信税收管理服务机制，更为全面地实现了服务内容智能化，提高了行政办事效能。

为了更好地支撑企业的良性发展，中国（广东）自由贸易试验区积极探索金融改革，在第一批、第二批、第三批和第七批经验复制推广中先后提出了 5 项改革项目（见表 7-7），由初期的跨境支付工具创新到 2021 年的推广"粤信融"模式，改革内容逐步加深，改革难度逐渐加大。如"粤信融"模式实现了跨层级、跨部门、跨地域的信用互联互通，仅 2022 年前四个月，"粤信融"征信平台就累计撮合首次贷款1.24 万笔、金额 407.57 亿元。①

表 7-7　　　　2015～2022 年复制推广中国（广东）自由
贸易试验区金融改革创新经验

金融创新改革项目	批次（文件号）	日期	推广范围
跨境支付工具创新	第一批（粤府〔2015〕127 号）	2015 年 12 月 21 日	全省范围
跨境电子商务支付系统与海关系统对接	第二批（粤府〔2016〕83 号）	2016 年 9 月 5 日	全省范围
简化外汇业务办理流程			
粤港电子支票业务	第三批（粤府〔2017〕67 号）	2017 年 6 月 13 日	全省范围
推广"粤信融"模式	第七批（粤府〔2021〕60 号）	2021 年 3 月 25 日	全省范围

与投资便利化、贸易便利化、金融创新改革事项相比，中国（广东）自由贸易试验区在优化政府环境、转变政府职能和法治建设领域的改革经验复制推广的时间相对靠后，自 2017 年第三批次开始陆续推广优化政府环境的相关改革经验，自 2019 年第五批次开始陆续推广转变政府职能的相关改革经验，自 2019 年第五批次开始陆续推广法治建设领域的相关改革经验。以转变政府职能为例（见表 7-8），中国（广东）自由贸易试验区在知识产权、政务信息化、政务联动等方面开展

① 家俊辉．地方征信平台样本观察："粤信融"助力金融服务小微"放心贷大胆贷"[EB/OL]．[2022-06-01]（2022-10-10）．https：//c. m. 163. com/news/a/H8POLRHD05199NPP. html.

了改革创新。

表 7-8 **2015~2022 年复制推广中国（广东）自由**
贸易试验区转变政府职能改革创新经验

转变政府职能改革项目	批次（文件号）	日期	推广范围
"零跑动"政务服务模式	第五批 （粤府〔2019〕124 号）	2019 年 5 月 15 日	全省范围
知识产权快速维权平台			
构建知识产权侵权联合惩罚机制	第六批 （粤府〔2020〕77 号）	2020 年 5 月 16 日	全省范围
拓展政务服务网络身份核验应用范围			
推广电子营业执照在银行业务中的应用	第七批 （粤府〔2021〕60 号）	2021 年 3 月 25 日	全省范围
实施"不动产登记+仲裁"联动服务新模式			

正是一系列的制度变革，推动了中国（广东）自由贸易试验区逐步建设现代化的第四方物流体系，为区内客户提供全方位的高质量服务。

三、多维打造第四方物流体系

2021 年，根据中国自由贸易试验区发展指数①，中国（广东）自贸试验区位列第二位，仅次于中国（上海）自贸试验区，以广东省万分之六的地理面积贡献了广东省 1/4 的外资企业和 1/3 的实际外资。高质量的经济发展与自贸试验区内繁忙而高效的第四方物流体系密不可分。目前，中国（广东）自贸试验区已经构建了"制度革新—业务重组—系统升级"三位一体的制度创新型第四方物流建设模式，这一模式已经取得一定成绩。

（一）革新供应链环节，开展业务流程重组

中国（广东）自贸试验区关于物流的制度创新在持续推进（见

---

① 金锋. 中国自由贸易试验区发展研究报告（2022）［M］. 北京：经济管理出版社，2022.

表7-9），以优化营商环境为抓手，以跨境物流便利化为手段，开展第四方物流平台建设，一方面围绕海关制度创新开展多项改革，包括国际专业自主通关、"智检口岸"平台、"广东智慧海事监管服务平台"等；另一方面积极开展各种智能监测压缩物流时间，包括船舶"无疫通行"卫生检疫模式、优化船舶燃油硫含量检测机制等。通过制度变革，实现业务链条、业务环节、业务内容的重组和变革，推进了供应链的创新发展。

表7-9 2015~2022年复制推广中国（广东）自由贸易试验区物流相关创新改革项目

物流相关创新改革项目	批次（文件号）	日期	推广范围
国际转运自助通关新模式	第一批	2015年12月21日	广东全省范围
海关原产地管理改革	（粤府〔2015〕127号）		
国际航行船舶卫生检疫5S智能监管体系	第二批	2016年9月5日	广东全省范围
船舶"无疫通行"卫生检疫模式	（粤府〔2016〕83号）		
"智检口岸"平台			
构建"广东智慧海事监管服务平台"			
实施港口建设费远程申报和电子支付	第四批	2018年1月22日	广东全省范围
建立健全船舶"事中事后"安全监管机制	（粤府〔2018〕5号）		
"互联网+海关"功能拓展	第五批	2019年5月15日	广东全省范围
海运进出口集装箱快速验放	（粤府〔2019〕124号）		
优化船舶燃油硫含量检测机制			
超大型邮轮及集装箱船进出港口绿色通道制度			

续表

物流相关创新改革项目	批次（文件号）	日期	推广范围
实施船舶证书文书"一次通办"	第六批 （粤府〔2020〕77 号）	2020 年 5 月 16 日	广东全省范围
建立船舶进出港报告综合核查机制			
推广船舶自动识别系统（AIS）智能检测	第七批 （粤府〔2021〕60 号）	2021 年 3 月 25 日	广东全省范围
推行船员电子证书			

（二）打通"最后一公里"，夯实基础设施建设

经过 7 年的持续发展，中国（广东）自贸试验区在航运、铁路、仓储中心、配送中心等领域建成了一批物流基础设施。航运方面，前海"大湾区组合港"已经开通 21 条组合港线路，南沙港也建设成为非洲和东南亚地区集装箱运输的重要枢纽港，2022 年上半年，国际班轮航线达 338 条。铁路方面，2015 年就开始建设南沙进港铁路，全线长81.831 千米，直接服务于南沙港区，目前已经投入运营，打通了海铁联运"最后一公里"；2022 年 5 月，南沙港铁路开出首趟中欧班列，实现了"丝绸之路经济带"和"21 世纪海上丝绸之路"在南沙港无缝连接，出口至欧洲同一目的地的时间较之前可压缩 50% 以上。仓储和配送中心方面，各个港口一直在加速建设，以南沙港为例，目前南沙国际物流中心南区的总面积约达 14 万平方米，内部建有 1 个冷藏箱专用堆场、1 座配套楼和 3 座大型冷库，可供使用的查验口数量达到 162 个。

（三）组建物流网络，打造"海陆空铁"立体体系

中国（广东）自贸试验区集聚了海运、陆运、空运、铁路运输的优质资源，建立了一个高效能运转的"海陆空铁"立体物流体系，为自贸试验区内的汽车产业等高端制造业、集成电路等战略新兴产业等主导产业提供了强有力的支撑，实现了产业与物流的高效联动、充分融合、协同发展。粤港澳大湾区机场共享国际货运中心暨白云机场南沙自贸区空运中心，充分发挥南洋港地处粤港澳大湾区地理几何中心的地理优势，集聚海运、陆运、空运、铁路运输的资源优势，叠加跨境电商的

相关功能。通过南洋港发出的跨境电商物品，首先经过共享国际货运中心一站式完成预安检和称重等几道快速手续，确保在国际航班启程的12个小时前完成货物检验后，然后就会被直接送至白云机场，通过国际航空送达世界各地。此外，通过南沙港铁路与广州中欧班列的无缝对接，同时继续开拓"中亚"班列和"湘粤非"等过境物流运输通道，再配以交易、仓储和配送等高效能交易平台，以"铁路—公路—水路"的跨境联运模式，吸引东南亚货物经中欧班列前往欧洲，畅通了"中亚—广州—东南亚"的物流运输大通道，建设了高效能的过境多式联运中心。由此，中国（广东）自贸试验区通过"水路—公路—铁路—空运"的立体联运体系畅通了各类物流渠道，形成了物流要素的集成式发展。

（四）提供信息服务支持，大力推进智能化运营

中国（广东）自贸试验区在行政服务、金融支撑、基础设施智能化等方面充分依托和发挥信息技术的优势，取得了一系列成就。在行政服务方面，依托信息技术减少业务申办的环节、压缩流程运转时间、降低业务成本、提升服务质量，以"线上海关"等优化行政服务提升服务质量。在金融领域的技术创新方面，支持开发和运营基于区块链技术的跨境金融服务平台，全面推广"粤信融"等金融模式，提高了金融服务安全性、开放化、创新化、便利化。在基础设施智能化方面，全球首创的全自动化码头——广州港南沙四期码头已经投入运营，北斗导航无人驾驶智能导引车按照智能算法完成各项工作，偌大的无人码头在"超级大脑"的指挥下按部就班地高效能运转，其运营效率已经超过了传统码头，而且可以预见未来仍会进一步提升运营效率。此外，还有深圳妈湾智慧港，这是我国第一个由传统码头升级改造而成的自动化码头，依托5G信息网络技术、北斗卫星系统、区块链等信息技术，高标准建造了全国首个5G港口双平面、双路由、双备份的高可靠专网，将原有四个港口泊位升级建设成为自动化集装箱港区。

（五）与客户双向共赢，建设物流重点项目

中国（广东）自贸试验区在吸引物流企业投资上多管齐下，既广泛吸引各类大、中、小型物流企业，又重点推进物流总部经济和重点物流项目建设（见表7-10）。2021年，共引进88家世界500强企业投资

449 个项目，认定总部型企业 261 家，① 其中就包括多个物流总部项目，比如南沙港区建设的湾区粮食分拨中心。

表 7-10　　　　　　　　　部分物流龙头企业和重点物流项目

序号	公司或项目名称	建设地点	公司或项目特点
1	东方嘉盛供应链股份有限公司	前海	是我国最早涉足供应链管理行业的本土企业之一，在国内市场居于领先地位，上市企业
2	怡亚通供应链股份有限公司	前海	中国首家上市供应链企业
3	飞马国际供应链股份有限公司	前海	立足于高端物流与供应链服务，在全国拥有 4 大区域运营中心和 14 个地区运作中心，上市企业
4	普路通供应链管理股份有限公司	前海	专业为企业提供涵盖供应链方案设计及优化等环节的一体化供应链管理服务商，中小板上市企业
5	顺丰控股	前海	为客户提供一体化综合物流解决方案，上市企业
6	南沙冷链物流分拨中心	南沙	广州港投资 35 亿元，打造仓容达 46 万吨的临港综合性冷链物流基地
7	全球优品分拨中心数字服务贸易平台（DSTP）	南沙	粤港澳国际供应链（广州）有限公司，全球领先的开放性服务贸易聚合平台
8	美食美酒分拨中心	南沙	广州骏德国际供应链有限公司，从事酒类商贸运营，骏德国际供链专注于一站式 B2B 供应链服务
9	湾区粮食分拨中心	南沙	代表企业：路易达孚集团，运用遍布全球的业务和资产网络向全世界的客户和消费者提供安全、有效及可靠的服务
10	横琴大昌行物流中心	横琴	具备世界先进技术的超低温冷库

　　中国（广东）自贸试验区凭借自身独有的地理位置、创新性政策、优质的服务平台等优势资源，吸引了越来越多的龙头企业在自贸试验区内进行布局。一些总部项目通过"总部—基地"辐射效应，带动遍布世界各地的基地联动，形成中国（广东）自贸试验区与世界各地不同区域分工协作的协同发展态势，并且基于此进一步提高各类资源的优化配置能力。一些龙头企业发挥了卓越的资源引领和集聚能力，助力中国（广东）自贸试验区在七年的时间里快速发展，成为国内物流企业的重

---

　　① 柳宁馨. 上半年进出口超 2000 亿元！广东自贸区最新阶段性成果发布［EB/OL］. ［2022-08-18］（2022-10-10）. https：// news. southcn. com/node_ c3f70b7ca5/40e2138c30. shtml.

要集聚地，为整个自贸试验区的稳健发展提供了坚实保障。

第四节　德国法兰克福：创建商务
贸易型第四方物流枢纽

一、法兰克福市航空物流产业发展背景

　　德国法兰克福是著名国际化都市，占据重要地理位置，地处欧盟大陆中心，总面积248.3平方千米。法兰克福依托优势地理位置，充分发挥公路、铁路和航空交通枢纽的便利性，大力发展航空产业，其市内的法兰克福机场（见图7-7）具有较高的知名度，其建设规模位居德国第一和世界第九，是欧盟最重要的机场之一。法兰克福机场是德国汉莎航空公司的基地，经过多年的建设，法兰克福机场不仅发展成为欧盟境内最重要的客运航运枢纽，还建设成为欧盟排名第二的货运集散地。

图7-7　法兰克福机场内部

　　"过去是城市的机场，如今是机场的城市。"空港经济之父约翰·卡萨达道出了空港经济的发展潜力和巨大价值。依据国际民航组织数据，每百万旅客能够产生1.3亿美元的收益。① 德国法兰克福通过将主

---

　　① 周霖. 神鸟"满月"！大数据告诉你：双机场有啥用？［EB/OL］.［2021-07-27］（2022-10-10）. https：//mp. weixin. qq. com/s/p1DTWcNpRzpcTHt3Ne56mA？.

导产业与航空经济充分融合，既推进了本土产业高质量发展，也由此建立了令世界瞩目的航空经济模式。围绕着法兰克福机场，逐步构建了三个产业圈层：第一个圈层是对机场开展基础设施建设，逐步由传统的基础设施改造升级为智能化基础设施，此外还设立了与空港有关的各类公司机构，为需要开展频繁空港业务的公司提供便利的办公条件，其中"广场"（The Squaire）内容纳了 1 万名各类公司员工，距离机场登机柜台的地理距离小于 10 分钟的步行路程。第二个圈层是地产经济和物流产业，注重发展度假酒店、休闲设施和物流基建。盖特威花园内部建有三家机场度假酒店，既发展航空经济，为游客提供最大的便利，又能发展旅游经济，提高航空业务的经济附加值。门兴霍夫物流园和南北两个货运区建有各类先进的物流设施，为机场货运服务提供强有力的支撑。第三个圈层是各类城市主导产业，包括会展业、高端制造业、金融业等，法兰克福的主导产业与航空运输业相辅相成，相互支撑着协同发展，形成了良好的产业生态圈。

在持续推进创新发展的背景下，法兰克福已经发展成为具有全球影响力的航空城市，其创建的航空经济模式辐射了广袤的区域，为德国带来了巨量的人流和物流，也集聚了各类产业资源，成为城市发展的建设典范。

二、法兰克福市第四方空港建设成绩

根据 2019 年全球航空数据分析机构英国 OAG 公司公布的 OAG 大型枢纽机场国际指数，法兰克福机场位列第二位，其在旅客国际航线运营效能等相关数据上表现亮眼。2019 年，法兰克福机场的客运量达7056 万人次。在疫情冲击下，法兰克福机场客运量有所缩减，但是其2021 年的国际客运量达 2480 万人次（见图 7-8），在全球国际客运量排名中位居第四[①]。虽然客运量有所下降，但是法兰克福机场货运吞吐量仍旧保持了增长，2021 年的货运量达到新高 232 万吨，为德国经济发展提供了较大助力。

---

① 中国航空报社有限公司. 2021 年全球最繁忙的 10 个机场［EB/OL］. ［2022-04-12］（2022-10-10）. https：//baijiahao. baidu. com/s? id=1729882783227196489&wfr=spider&for=pc.

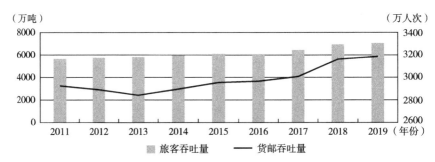

图7-8　2011~2019年法兰克福机场旅客及货邮吞吐量数据

资料来源：驻德意志联邦共和国大使馆经济商务处［EB/OL］.［2022-01-18］（2022-10-10）. http://de.mofcom.gov.cn/article/jmxw/202202/20220203278717.shtml.

经过服务优化、运营环节高效等环节的持续创新，法兰克福机场成为欧盟最为高效率的机场，也是欧盟转机率最高的机场。以法兰克福机场为基地的德国汉莎航空公司，即便受疫情困扰，在2020年仍旧每周提供往返全世界130多个目的地的航班。此外，法兰克福机场大力推进高水平基础设施建设，目前是全世界为数不多的能够起降空中客车A380的枢纽机场。受益于发达的航空线路和由此集聚而来的各类资源，在法兰克福4万多家公司中，从事航空相关业务的公司占比最大，德国前百家规模最大的工业企业中有20家总部设在法兰克福。航空经济拉动了整个城市的经济发展，人均GDP超过9万欧元，法兰克福虽然仅有70多万常住人口，却建设成为德国乃至整个欧盟的金融业、会展业和物流业中心之一。

三、打造商务贸易型第四方物流枢纽

德国法兰克福市一方面整合"空—铁"资源，开展运输模式创新，另一方面依托物流设施重点发展总部经济、金融证券、会展贸易、旅游酒店等现代服务业，形成了"产业—物流—贸易"相结合的商务贸易型第四方物流发展模式，目前已经取得了较多经验，拉动了整个城市的经济发展。总结法兰克福打造第四方商务贸易型空港交通枢纽的建设经验，可以为世界各国具备同样发展条件的城市提供经验。

（一）吸引人才，留住人才，优化第四方物流生态圈

法兰克福注重培养和吸引人才，将这作为整个城市发展的根基，大

量从事空港相关产业的人才在法兰克福获得了良好的发展机遇，取得了令人满意的工作收益。法兰克福被喻为德国最具吸引力的城市，同时，根据《经济周刊》的评选，法兰克福位居德国最受毕业生欢迎的城市第三。发达的城市经济体系为人才提供了充分的就业岗位，稳健发展的GDP保障了人才获得理想的经济收入，相对合理的房租解决了人才的后顾之忧。

法兰克福是历史悠久的文化城市，建有多所知名大学，其中最为著名的是法兰克福大学，是德国最有名望的前十所大学之一，该所大学具有很强的研究实力，在仅百年的发展史中有19人荣获诺贝尔奖，该校的精英集群数量位居全德第二，其毕业生质量较高且广受欢迎，为法兰克福的城市建设和经济发展提供了大量优秀人才。

法兰克福市历来重视人才发展，出台了系列政策帮扶人才成长，加之德国具有竞争优势的高端人才移民政策，法兰克福作为德国重要城市之一吸引并留住了大量的国际人才，据俄罗斯媒体报道，在2010年法兰克福就已经吸引了约25万俄罗斯人[①]。来自世界各国的人才对法兰克福空港经济再添助力，形成了良好的"人才—产业—城市"第四方物流生态圈。

（二）完善物流基础设施，提供特色化服务

法兰克福空港的物流基础设施建设不仅注重规模化建设，更注重基础设施效率化、特色化的建设和使用。

在规模化建设方面，法兰克福空港内有占地105万平方米的汉莎航空基地、占地100公顷的门兴霍夫物流园、南北两个总面积约150万平方米的货运城，从全方位保障了机场内客运和货运的正常运转。门兴霍夫物流园内包括各类物流基础设施，也配套建设了办公、酒店和餐饮饭店，总建筑面积约为110万平方米，物流园区内吸引了多家知名物流企业驻扎办公，物流设施齐备且先进，能够保证日常的物流需要。南北两个货运城建设了办公区域和多功能用途区域，德国邮政、联邦快递等知名物流公司在此驻扎办公，近30个货机位和配套的物流设施能够保证

---

① 曹颖. 世界各国出台政策避免人才外流 展开"人才战争"［EB/OL］.［2020-07-17］（2022-10-10）. http：//news. sohu. com/20100717/n273573276. shtml.

客户各方面的需求。

在效率化建设方面，法兰克福空港一向注重通过先进技术提高运营效率。作为欧盟转机率最高的机场，法兰克福机场在行李自动传递等方面进行持续改革，无论是监测性能还是监测质量都位居世界前列，根据法兰克福机场提供的数据，每小时可以传送约18000余件行李。此外，门兴霍夫物流园和南北两个货运场也一直秉持着先进技术支撑园区发展的理念，引入的大部分物流设备都属于高端物流设备，且有部分设备能够进行智能化无人操作，虽然货运量大却能有条不紊地完成各项物流配送工作。

在特色化建设方面，法兰克福空港建有高水平的鲜腐中心和动物休息室。法兰克福空港内的鲜腐中心建设有近1万平方米的冷链存储区，内部还建有20个冷链温度调节区。此外，鲜腐中心不仅能进行冷链保鲜存储，还在运营管理上注重细节，物流企业在鲜腐中心内就能安装流程完成相关的动植物检验、税务等业务，极大地提高了物流企业的运输效率。法兰克福空港内的动物休息室则具有全球领先地位，建设面积近4000平方米，包括大型动物休憩区、小型动物休憩区、特殊鸟类休息区等，能够智能调节区域内的温度以满足不同种类动物的需求，此外还提供了独立动物清洗区域，能够提供细致的服务。

（三）发展航空配套产业，拉动产业链发展

航空产业具有重要的产业集聚、产业推动、产业辐射作用，依托航空产业可以培植一系列的配套产业，进而形成多个产业之间的合力。法兰克福充分发挥第四方物流的优势，依托航空业发展了以出口为主的高科技制造业、金融业和会展服务业。

依托供应链枢纽优势，大力发展以出口为主的高端制造业。法兰克福临空经济区内有大量的高科技制造业，以化工、医药、汽车制造等产业为主，这些产业具备高技术、高附加值、全球化的特点，产品依托法兰克福机场高效能地流通到世界各地（见表7-11）。

表7-11   法兰克福部分高科技制造业公司代表

序号	公司名称	主营业务	竞争优势
1	赫希斯特公司	化工产品	德国三大化学工业公司之一

续表

序号	公司名称	主营业务	竞争优势
2	赢创工业集团公司	制药等	全球领先的特种化工企业
3	吕特格尔斯公司	煤焦油产品、电解铝等	著名化工企业，电解铝工业和钢铁工业国际原料供应商
4	威娜公司	头发染膏等美发产品	美发行业领军企业
5	西门子威迪欧汽车电子集团	汽车技术电子操纵控制仪表等	世界著名汽车企业

依托供应链枢纽优势，持续塑造金融业竞争优势。法兰克福是欧盟区域内重要的金融中心之一，不仅是欧盟中央银行和德国中央银行所在地，同时世界四大证券交易中心之一的德意志证券交易所也位于法兰克福。此外，法兰克福还吸引了越来越多的金融机构，包括花旗银行和中国银行等 300 多家世界各国的银行和金融机构在此设立了分支机构，全方位地提供了高水平金融交易服务。另外，因为法兰克福注重人才培养，法兰克福本土的金融业从业人员具备较高水平的英语听说和阅读写作能力，在法兰克福市的 3000 多家外资企业能够顺畅地与法兰克福金融业进行沟通合作，再加上高效率的航空客运体系，在人才和交通上都进一步助推了法兰克福金融业的发展。

依托供应链枢纽优势，会展服务业历史悠久。法兰克福的会展服务业已经具备 800 多年的发展历史，在航空业的助推下，法兰克福的会展服务业目前已经建设成为国际知名会展中心。法兰克福地处欧盟贸易航道的中心交汇处，为举办全球性的大型高端会展提供了交通便利，这里每年筹办逾 50 场高水平会展，其中有大约 15 个会展是世界级大规模会展，每年参加法兰克福会展的游客超百万人。会展经济产生了巨大的直接经济效益和间接经济效益，参会人员的人均消费近 500 欧元，每年参加会展的公司话费近 15 亿欧元，同时拉动大量的住宿、餐饮和出租车等行业经济发展。

在本土配套产业发展的支撑下，航空运输业又进一步得到了发展，整个法兰克福形成了多产业、多业态、多模式相互融合的立体化、多维度产业体系，切实发挥了空港经济的优势。

（四）整合"空—铁"资源，开展运输模式创新

虽然空铁联运模式在当下已经不是新兴运输模式，但是法兰克福空港做到了率先推行空铁联运模式、持续推进模式精细化运营，这两点至今仍值得世界各大空港城市学习。具体而言，空铁联运模式是指发挥航空的长距离运输优势和铁路的中短途运输优势，将航空运输与铁路运输相结合，缩短机场和火车站的物理距离，对两种运输模式进行基础设施的科学接驳，提供完善的快速转乘机制和人性化服务，实现航空运输网络和铁路运输网络的高效衔接，打造空铁一体化的高效率、立体化交通网络。

自20世纪70年代法兰克福空港就开始探索压缩铁路和机场物理距离的方式，在法兰克福机场内建立了火车站。经过近50年的发展，法兰克福空铁联运主要在两方面做到了持续优化：一是推进空铁基础设施的相互衔接融合；二是逐步完善空铁联运机制。

推进机场与铁路的基础设施衔接融合。20世纪70年代，法兰克福机场设立的铁路火车站主要是提供短途周边城市客运和货运服务，火车属于普速火车，交通便捷性有所提高，也拉动了区域周围经济发展，但是由于普速火车的运输物流范围尚小，不能满足日益增长的运输需求。在这样的背景下，德国在20世纪90年代将法兰克福市与科隆市之间的高速铁路投入运营，并进一步整合高铁运输半径和航空运输半径，形成了辐射范围更广、交通更便捷的"空—铁"立体交通体系。基于此，法兰克福机场联合汉莎航空和德铁集团建立了空铁联运公司，并在此后持续推进合作深度和广度。德国政府也在空铁联运上投入了大量资金，逐步加大了铁路网辐射范围，增强了铁路与航空之间的联动性，大大缩短了经由法兰克福机场到达其他欧盟主要城市的时间（见图7-9）。

法兰克福在优化空铁联运机制方面有较丰富的经验，可供第四方物流城市借鉴相关经验。在硬件设施逐步衔接的基础上，如何提高运营效率，缩短旅客和货物的换乘时间成为空铁联运公司的重要提升事项。基于长时间的跟踪调研，空铁联运公司在运营机制上持续迭代优化，推出了一系列的优化措施，如"空—铁"一票到底、精确对接火车和飞机的时刻表、建立航空公司与铁路公司联合优惠、联合退改签制度、联合解决延误问题等，从每一个运营环节入手提高旅客换乘飞机和火车的运

营效率。此外，还推行了机场、航空公司、铁路公司三家利益共分、风险共担机制，通过这种方式提高了三者的合作共赢意识，从机制角度激活了"空—铁"联运的持续迭代动力，保障了运营创新的活力。经过一系列改进，法兰克福机场在 2018 年被国际机场协会评选为全世界连通性最强的机场。

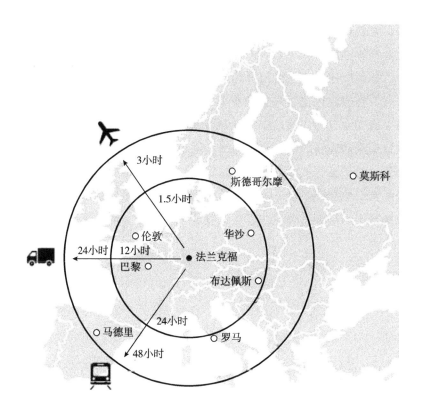

图 7-9　欧洲门户——法兰克福机场多式联运服务覆盖

资料来源：李沐慈，廖婷婷．以德国法兰克福机场为例，推进我国空铁联运特色发展新思考［EB/OL］．［2022-03-15］（2022-10-10）．https：//www-new.gwng.edu.cn/airport_economy/2022/0315/c766a74355/page.htm.

（五）具备现代化管理能力，为顾客提供一体化解决方案

法兰克福空港有着较高的资源整合能力和协调管理能力，黑森州政府是法兰克福机场集团的第一大股东，其股份占比超过 30%，法兰克福市政府投资公司是第二大股东，其股份占比约为 20% 左右，其以法兰克福机场为依托整合了大型航空公司汉莎航空集团及多个中小型航空公司，其中汉莎航空集团成为法兰克福机场集团的第三大股东，股份占比为 10% 左右。通过合理的股权结构，建立了科学合理的现代化公司运营体系。仅法兰克福机场集团就在法兰克福机场设立了 20 余家子公司，营业范围既包括与机场建设有关的地面和后勤服务、基础设施建设等，也包括相关领域的咨询与保险等，涉及领域丰富，需要一定的业务整合和管理能力。

如前所述，法兰克福机场又联合了德国铁路开展"空—铁"联运，通过高超的现代化管理能力提高了整个联运过程的运营效率和经济效益。比如通过现代信息技术整合陆运、铁路、航运的各类信息，打造各类数据流动通畅的信息交互网络；通过现代管理机制的设置，协调了不同公司的员工开展联合运营，确保了旅客无论是在火车站还是在飞机场都能实现全程购换票、保险处理等流程业务。通过柔性手段解决了基础设施之间的物理割裂问题，通过管理机制提高了运营效率。

参考文献

［1］曹颖．世界各国出台政策避免人才外流　展开"人才战争"［EB/OL］．［2020-07-17］（2022-10-10）．http：//news. sohu. com/20100717/n273573276. shtml.

［2］程玉．天津港绿色发展再升级［EB/OL］．［2020-08-22］（2020-10-10）．http：//tianjinwe. enorth. com. cn/system/2020/08/22/050395103. shtml.

［3］郭斐然，丁佳文．天津港，志在万里［J］．求是，2022（9）：75-78.

［4］家俊辉．地方征信平台样本观察："粤信融"助力金融服务小微"放心贷大胆贷"［EB/OL］．［2022-06-01］（2022-10-10）．ht-tps：//c. m. 163. com/news/a/H8POLRHD05199NPP. html.

［5］交通运输部．2021年交通运输行业发展统计公报［R］．2022.

［6］金锋．中国自由贸易试验区发展研究报告（2022）［M］．北京：经济管理出版社，2022.

［7］李沐慈，廖婷婷．以德国法兰克福机场为例，推进我国空铁联运特色发展新思考［EB/OL］．［2022-03-15］（2022-10-10）．ht-tps：//www-new. gwng. edu. cn/airport_ economy/2022/0315/c766a74355/page. htm.

［8］联合国贸易与发展会议．《海运评述2021》［R］．Review of Maritime Transport 2021 | UNCTAD，2021.

［9］林涵，唐琪．"一带一路"绿色发展新风将带来哪些新机遇？［EB/OL］．［2022-05-30］（2022-10-10）．https：//view. inews. qq.

com/k/20220530A09ZLT00？web_channel＝wap&openApp＝false.

［10］刘萌．我国自贸试验区建设迎来9周年制度创新 助力打造区域经济"增长极"［N］．证券日报，2022－09－29（A03）．

［11］柳宁馨．上半年进出口超2000亿元！广东自贸区最新阶段性成果发布［EB/OL］．［2022－08－18］（2022－10－10）．https：//news. southcn. com/node_ c3f70b7ca5/40e2138c30. shtml.

［12］毛光烈．以第四方物流带动现代物流体系建设——以宁波市为例［J］．中国软科学，2010（4）：177－182.

［13］普华永道：Transportation & Logistics 2030［R］．Transportation & logistics 2030 series：Publications：Transportation & logistics：Industries：PwC，2009－2012：1－5.

［14］世界银行．Connecting to Compete 2018 Trade Logistics in the Global Economy——The Logistics Performance Index and Its Indicators［EB/OL］．http：//docu ments1. worldbank. org/curated/en/576061531492034646/pdf/128355－WP－P164390－PUBLIC－LPIfullreportwithcover. pdf. 2018.

［15］田歆，汪寿阳．第四方物流与物流模式演化研究［J］．管理评论，2009，21（9）：55－61.

［16］徒君，黄敏，薄桂华．第四方物流研究综述［J］．系统工程，2013，31（12）：53－59.

［17］万红．志在万里 蓬勃兴盛［N］．天津日报，2022－09－14（001）．

［18］张宝来．第三方物流发展与第四方物流研究［J/OL］．中国流通经济，2012，26（2）：44－48. DOI：10. 14089/j. cnki. cn11－3664/f. 2012. 02. 005.

［19］赵广华．破解跨境电子商务物流难的新思路：第四方物流［J］．中国经贸导刊，2014（26）：16－20.

［20］中国航空报社有限公司．2021年全球最繁忙的10个机场［EB/OL］．https：//baijiahao. baidu. com/s？id＝1729882783227196489&wfr＝spider&for＝pc. 2022－04－12/2022－10－10.

［21］周霖．神鸟"满月"！大数据告诉你：双机场有啥用？［EB/OL］．［2021－07－27］（2022－10－10）．https：//mp. weixin. qq. com/s/

p1DTWcNpRzpcTHt3Ne56mA？.

［22］驻德意志联邦共和国大使馆经济商务处［EB/OL］.［2022-
01-18］（2022-10-10）. http：//de. mofcom. gov. cn/article/jmxw/
202202/20220203278717. shtml.

中国社会科学院郑州市人民政府
郑州研究院简介

  中国社会科学院郑州市人民政府郑州研究院是中国社会科学院和郑州市人民政府共同建设的研究机构。旨在充分发挥中国社会科学院作为国家级智库和郑州市作为国家内陆地区开放创新前沿阵地优势，建设高水平、国际化的中国特色新型智库。

  2017年9月15日，中国社会科学院与郑州市人民政府正式签署战略合作框架协议，成立郑州研究院。揭牌仪式暨第一次工作会议当日举行。郑州研究院院长由中国社会科学院副院长、党组成员蔡昉担任。郑州研究院的建设和发展全面依托中国社会科学院科学研究局及相关研究所、郑州市人民政府。本着"优势互补、注重实效、合作共赢"的原则，在合作期内，中国社会科学院在社科研究、人才培养、智库建设等方面与郑州市人民政府开展全面、实质性合作。郑州市人民政府为郑州研究院提供双方约定的办公场所、研究经费等资源。

  郑州研究院丛书的出版是在郑州市人民政府提供优质的政务服务，郑州市发展和改革委员会为郑州研究院的发展保驾护航的大背景下产生的。本丛书中各篇文章作者本着文责自负的原则，对各自内容负责，由于经验不足，本丛书存在的缺点和瑕疵，欢迎并感谢各位读者和专家予以指导。